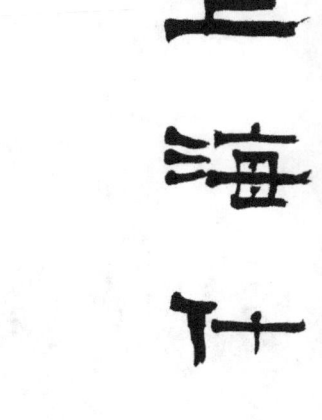

上海什錦

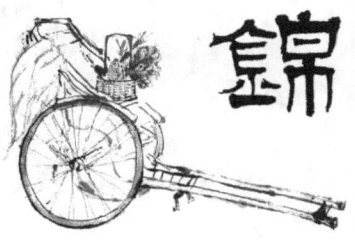

杨忠明 著

上海书店出版社
SHANGHAI BOOKSTORE PUBLISHING HOUSE

郑逸梅、杨忠明合影

杨忠明刻紫砂壶：上海风俗

杨忠明刻紫砂壶：山水

杨忠明刻的印钮

序　没有范儿的艺术家

马尚龙

　　去年春节，我到上海书城为自己的《上海制造》签名售书。已经是这本书的第五次签名售书，又是春节里，心中不免忐忑，要是冷冷清清怎么办。我也就是这在朋友聚会时随便一说。杨忠明老师倒是比我有信心，他说，马老师，你人气足，肯定热闹的。杨老师是很善于为朋友点赞的。点赞和捧场我已是感谢，杨老师还有重磅的点赞之物：一方章，一把壶。去年是马年，所以，章是一匹奔马，并有"一日千里"的吉言，壶也是马年紫砂壶，一章一壶，皆是杨忠明为我签名售书的度身定制之物，他说就给读者当奖品，签名售书时当场抽奖，轧轧闹猛。我说，这两件奖品，一定比当天卖掉所有书的总价还贵啊。杨忠明还是这么一句，轧轧闹猛。

　　签名售书倒还真热闹。当着众多读者的面，我展示了奖品，引来一阵喧嚣。找杨忠明的时候，却是见不到他了，原来他像一个普通读者一样在排队，而且排在很后面。我终于将他请到读者面前，因为读者想一睹这位著名篆刻艺术家的风采，想握一握手，沾一点抽到奖品的仙气。

　　杨忠明站到读者面前时，还是说了三两句"轧轧闹猛"的话。我知道，读者既是崇敬，又稍有意外，意外在于杨忠明这位艺术家，和他们见到过的艺术家有很大不同。

　　有个流行词形容艺术家，"范儿"。有些艺术家就是有范儿，一站一坐，一招一式，一开口，范儿全在其中，多少分量，明晃晃在眼前，还真叫人服。也有艺术家看不出范儿的，看不出多大的气场，不认识的人，不知道他的分量，即使是知道了他的分量，他仍旧不显山露水，一点没范儿。两种艺术家，有范儿的是尽显霸气，没范儿的是深藏底气，都让人买账。

杨忠明显然是没范儿的艺术家。若不是验明正身般地介绍，读者都还以为这一个排队排在很后面的人，大约是一个老师，一个喜欢读书的人而已。就像我最初见到杨忠明，也是这么一个印象。

几年前，何菲要我写几行字，关于茶和壶；不及我问缘由，她说，杨忠明老师要送一把壶给你，你写几句话，他刻在壶上。我很是惊喜。虽然我没见过杨忠明，对壶也不甚了了，但是我知道杨老师的名气，艺术品拍卖会上，常有杨老师的拍品。他的壶，既有真实的收藏价值，又有当下的商业价值，也有赏心悦目的艺术价值。他要送我壶，我真是运道好。

只是写几行字，是一件事情，久疏毛笔，更无论书法。我也是要面子的，毛笔字写出来自己都看不下去了。看来杨忠明也是有所准备的，事先已经带话过来，马克笔也行。难为情哪。于是我在一张白纸上这么写，"喝茶是爱好，品茗是文化，好茶好壶才是境界和享受。"我也没有刻意等待，杨忠明肯定是诚心要送我壶，但是事情一多忘记了也是正常。当然杨忠明没有忘记，他把我写的字临摹在紫砂壶坯上，刻后送去宜兴烧好，并且还请人送来。之后我知道，这是杨忠明亲历亲为的一个雅工程；文化艺术名人有的直接在壶坯题字后，由杨忠明操刀雕刻，再送由宜兴窑厂烧制。"壶随字贵"，我也忝列其中，只是我是字随壶贵。

或许换一位艺术家，同样也是热情，同样诚意，可能是另一个做派，不涉是非，却是不同。杨忠明是一个将自己的艺术家身份隐藏得很深的人，看上去真像是个老师。如果初认识，或许不会看出他的艺术家身份。他不会笑傲江湖，他不会横刀立马，他不会拍案而起，他不会豪情满怀……他什么都不会么？恰恰是，他会的事情太多了，他所刻之壶，圈子里有公认的口碑和身价；他的人物肖像章，更是一绝，有版画的风格，更有版画所不逮的印记，姚明、曹可凡、刘翔……以及他身边的朋友，都经由他的雕琢，用"传神"来形容，一点不夸张，好几位朋友将杨忠明所刻的肖像章当作了微博微信的头像，还戏称为"红头党人"，惹来羡慕声声。其实，肖像章只是杨忠明刻章之余的怡情、把玩，那么刻章也就不在话下了。他还有"来赛"的事情。

有范儿和没范儿在于气质也在于性格，说得玄一点，还在于人生的态度。有范儿的艺术家，是自然形成一块领地，有气场和尊严，旁人感觉得到这个领地的存在，那就是范儿。没有范儿的艺术家，不大会去画地为牢圈一个领地的，当然也有他的所在，那是一个自家的花园，非常怡然自得，也是自己的完整和尊严。旁人若不是特别的熟知，感觉不到这个花园的存在，因为这一块花园建立在这一个没有范儿的艺术家的心里。杨忠明显然属于后者。

但是杨忠明绝不是宅在自己心里的人。他是一个热情的人，朋友圈的朋友要签名售书，他都会送章送壶当作奖品。因为热情，所以在朋友圈里常常有他的身影，还有他的声音——不是嗓音大，而是杨忠明善谈。我很佩服。许多时候，按照他的没有范儿的范儿，他不常是话题的起头者，却几乎每一个话题，他都会接得上，而且自有他所见所闻。杨忠明是一个太通晓的人。民国的掌故，他熟知；旧上海的逸闻，他熟知；大跃进、"文革"的细枝末叶，他熟知；八十年代的洋泾浜个体户，他熟知；文坛画坛书坛美事，古董收藏花鸟，他熟知；美食，他依旧熟知。某次朋友做东，杨忠明从真如买来白切羊肉当作一个冷菜，然后又可以说到真如羊肉的如何如何，他是排了长队买来的。

老上海新上海那么多的逸趣、文玩，就在杨忠明心中储存发酵，就在他的文章中流淌，或者是发酵着流淌，或者是流淌着发酵，终于汇集到了这一本书中，并且有一个和书中内容极其贴合的书名：《上海什锦》。这一个书名特别好，尤其是"什锦"二字。初一看到，想到了以前上海人早上和泡饭搭档的什锦酱菜，又想到了糖果有什锦糖，酒水有什锦拼盘。什锦酱菜包罗酱黄瓜、酱大头菜、酱萝卜之类，什锦糖包揽了各种口味，什锦拼盘恰是鸡鸭鱼肉的浓缩精华。能够做到什锦，能够组合成什锦，就是一种水平。杨忠明的文章内容兼有什锦菜、什锦糖和什锦拼盘。倘若只能以一种什锦来形容《上海什锦》，我选择什锦酱菜，因为什锦酱菜切合了上海最鲜活的俗常生活，又很自然地展开了海派文化的什锦状貌。并且，要说到范儿，什锦菜也是没有的。所以"上海什锦"除了是这一本书的最形象概括，又何尝不是杨忠明做派的写真呢？

杨忠明喜欢将自己的艺术作品称作轧闹猛，那么，我就把这一篇文章放在《上海什锦》之前，作为序，借用杨忠明的话来说，也是轧轧闹猛。

2015 年 3 月 21 日

马尚龙

目录

食在上海

旧事旧物

蛾眉岂让人先——旧上海女校

外国教会办女校

若问：老上海最早的女校是哪一所？据史料记载，应该是1850年由美国基督教会在南市道教白云观隔壁开办的裨文女塾（裨文女中），在这之前，上海妇女目不识丁者十占八九，封建社会崇尚"女子无才便是德"之理念，妇女缠足禁锢在家无缘上学。女校开张，使上海妇女有机会接受科学文化知识。当然，外国教会办女校，其目的是在妇女中传播宗教信仰，培养西方文明的"淑女"。现在江苏路上的市三女中前身，是美国基督教卫理公会创建于1892年的中西女塾（中西女中）。最早建于今西藏中路沐恩堂东侧，宋庆龄三姐妹曾就读该校。1916年教会将校舍出售给扬子公司建造扬子饭店（即今申江饭店），得款后在沪西忆定盘路（今江苏路155号）购地另造分校，1930年改为中西女中。1952年6月，圣玛利亚女中并入后，改名为上海第三女子中学。早期沪城此类女校还有清心女中、惠中女校、文纪女塾、徐汇女中、启明女中等18所，大多创建于民国元年（1912年）以前。旧时的圣玛利亚女校，已经成为一所贵族女子学校，学校完全按照美国式方法教育：除必修课外，还有宗教活动，家政训练和音乐舞蹈表演等选修课，传授西方上层社会的礼仪、社交知识。

国人自立办女校

清末,梁启超、秋瑾等人鉴于外国教会女校不断扩展,在上海发表文章痛陈女子无文化之害,以及女子教育对争取女权和强国强民之重要性。康有为等人提出必须大力发展女子教育的主张。于是,光绪二十四年(1898年)由维新人士经元善创办的经正女学在上海城南桂墅里(今江南造船厂附近)成立,学生数十人,该校提倡女子放足,课程设置中文、西文、医学、女红4门。戊戌变法失败,经元善遭通缉,学校被勒令停办。光绪二十八年(1902年),蔡元培等人创办爱国女学、吴怀久创立务本女中之后,启秀女中和民立女中相继开办招生,这是国人在沪上早期创办并在当时影响很大的5所女校。曩时,孙中山先生十分重视女子师范教育,曾称:"四万万人皆得受教育,必倚重女子师范。"1912年,民族资本家凌铭之创办南洋女子师范学校。清末民初,国人在沪开设的女校还有成东、崇德、养性、坤范等。五四运动时期,要求大学开放女禁之呼声日益高涨,在当时一般大学仍拒收女子情况下,上海十几所女子高校如上海女子美专、两江女子体专、上海女子商科学校等应运而生。

文化名人与女校

老上海的女校造就了许多文化名人。阮玲玉,中国早期影星,1910年出生于上海。因为当工人的父亲早逝,母亲节衣缩食,让她就读于上海崇德女子中学。1926年,考入上海明星影片公司,主演处女作《挂名夫妻》,从此踏入影坛。张爱玲,笔名梁京,现代文学史上重要作家,生于上海,原籍河北丰润。1931年秋就读上海圣玛利亚女校,1932年圣玛利亚女校校刊,刊载其短篇小说处女作《不幸的她》,1933年圣玛利亚女校校刊,刊载其第一篇散文《迟暮》。丁玲,生于湖南省临澧县。幼丧父,随寡母艰苦度日。1922年到上海,入陈独秀、李达创办的平民女学读书。王人美,民国十五年随二哥王人路到上海,民国十六年入黎锦晖主办的美美女校学习歌舞。民国十七年,美美女校改为中华歌舞团,王人美成为该团的主要歌舞演员。民国二十年入联华影业公司,开始走上影坛。

女校师生爱国心

中西女中校方重视英语、数理化教育,学生毕业后赴美留学较多,一些富家弟子以娶中西女中毕业的西方式"淑女"做妻子为荣。然而在蔡元培主持下的爱国女中,颇注意国学、体育,培养女子强健的体魄,还设置国画、手工、乐歌、家政等适合中国国情的课程。南洋女子师范是以振兴女子教育和培养女教师为宗旨,其校歌中有"同是圆颅方趾,知识完全,道德完全,蛾眉岂让人先"等词句。为纪念秋瑾而创办的竞雄(秋瑾号)女校,办校宗旨是"使国民得应有之智技能,俾得自谋生计"。由爱国人士黄绍兰创办的博文女校平时注意灌输爱国思想教育,许多学生积极投入五四运动。上海平民女学,当年由中共早期领导人主持,旨在培养妇运人才。抗战时,泉漳、中华女子初级职业补习学校、华东、启秀、新本、南洋女中、女工夜校等校开展抗日救亡爱国活动。《孽海花》作者曾朴的小妹曾季肃是名门闺秀,曾就学于爱国女校,接受了学校里新文化、新思潮等爱国主义教育,辛亥革命中,她与同学们积极组织"女子军事团"支援革命军,被推为团长,在上海光复的战斗中,她们协助革命军战斗、募饷,工作出色。

出身官宦之家的崇明文化名人施淑懿自幼好吟诵,常怀忧国之心。民国九年,她任县立女子师范学校校长。五四运动期间,她常和学生们一起上街游行,被称为瀛洲女杰。袁希洁,出身书香门第,1912年她变卖首饰筹措钱款,在上海西仓桥自办爱群女校,自任校长,自编教材授课,亲定"勤、慎、庄、俭"四字校训,该校成为老上海知名女校之一。

旧事若梦回头说

小说《长恨歌》开头,描写王琦瑶和蒋莉莉之间那种家境不同而趣味相投的女学生的青涩友情,以及平凡庸常的吴佩珍最终当上了富商家的少奶奶,应该是那时女校学生的平常故事。旧时,在外国教会办的女校中,学生必须读《圣经》、做礼拜;外语被列为主课,一些学校的中国历史、地理课本都用外文编写;有的学校规定宗教课不及格者开除出校;校内不许升中国国旗,只能升创办人所属国国旗;还规定学生毕业后只准嫁给基督教徒。圣玛利亚女中学生,必须早晚行祈祷礼,学生请假外出必须由家属或保证人报告校长,纪律颇严,往来信件校长有检查权,学生穿衣不能露肉在外,学费昂贵,每学期大洋 80 元。可见洋人办女校,明显带有殖民主义色彩。

据上世纪就读于圣玛利亚女校张爱玲的同班同学俞秀莲老人说:教会学校管理很严格,学生请假,须有家长直接向校长请假,回校时间须在 6 时晚饭前,并立即报告办公室。星期日及星期六也不准请假。当年,圣玛利亚女学校规定,每个月只有第一个星期六上午 10 时半以后至下星期一早晨上课前,为月假之期。如果月假这次迟到,下次月假扣除。学生如有家属友人来校探望,有严格的时间规定,必须在星期六下午 2 时至 5 时,星期日的 3 时至 5 时。假若探望的人是青年男子,那一定要是学生的至亲。每月一次的月假日,留在学校里的女生不准会客。复活节与圣诞节的特别礼拜一般不准请假,如有要事或意外事故,须经教职员会议通过,否则不得参与大考。学生所有零用钱"得存放于校长办公处之银箱,需用时可支取。"学生之中不得互借银钱和珠宝首饰。学生寄信出校,必须在信面上写上学校的校名和写信人的名字。学生所有信件"须有校长处经过,倘涉可疑,即命当面拆阅,非至亲之男子,不得通信,否则即行除名。"

年近 90 的沈闻莹女士上个世纪三十年代,就读于位于徐家汇的法国天主教会学校启明女中,她说:当时读书的学费一学期总在 200 多块银元,包括食、宿及春秋两季的校服。这在那时是个不菲的数目,好在我父亲沈鹤泉在经营一家书局,使我有机会能进这一贵族女校。记得当时学校里有篮球场、网球场,学校后面有花园,草坪上还有 2 只秋千架,教室的四楼有一排琴房。班上有近 30 名同学,上课的内容有语文、政治、数学、体育,外语学法语与英语等,还有一些选修课,如钢琴、油画、刺绣等。课桌是斜面的,连着椅子。旧时这种贵族女校,不少同学都有来头,记得要好同学中有沪上大亨张啸林之女张佩俊和佩杰姐妹俩,有犹太人哈同的孙女罗舜华,有叶澄衷女儿叶莲珍、正广和汽水公司老板女儿徐瑞珠,有杨虎的女儿杨采珍、采英姐妹俩,有原来霞飞路(现淮海中路)万兴食品公司(后改为上海第二食品公司)老板女儿吴佩廷,有白龙山人王一亭的孙女王统德,还有丁香花园张静江的孙女,有原来天蟾舞台主人顾竹轩的媳妇谢桂英和朱蝉娟等。

老上海公园那些事儿

　　"乡下人进城,第一步就踏错了草地,那就是黄浦滩公园。头上包着布的红头阿三挥着打狗棍来赶乡下佬:'去!去!'他要乡下佬抬头看看那草地上的木牌:'狗与华人,不得入内'。"这是曹聚仁先生回忆旧上海的几句话。这个曾经给中国人带来耻辱与愤怒的沪上最早的英美租界里的公共花园(今黄浦公园),清代同治七年(1868年)竣工,早年上海滩,租界内公园都把中国人拒之门外,我想起一句老话:烧香赶出和尚……

中西文化汇公园

　　旧上海几个老牌公园名气很大:外国花园、顾家宅公园、兆丰公园、靶子场公园等,抗战时期,上海华界大部分公园被毁,幸存者亦面貌全非,到上海解放时,市区尚存公园14座,面积有65.88万平方米。

　　同治四年冬,英美租界工部局在苏州河口南端滩地填滩建公共花园和疏浚洋泾浜工程同时开工,用浜里挖出来的泥填筑滩地,同治七年公共花园正式对外国人开放,园近韦尔斯桥头处,沪人称它为外国花园、外摆渡公园、大桥公园,后改为黄浦公园至今,民国以前此地是申江消夏绝佳处,夜坐于此,月明星稀,灯火明灭,长风来无浪,江流去有声。早期这里常开音乐会,由英国兵舰上的乐队来演奏,以后由工部局的管弦乐队演奏,音乐会每场听众数百人,真正的冒险家乐园!老上海《洋场竹枝词》中写道："行来将到大桥西，回首窥园碧草齐。树矮叶繁花异色，雨余石上锦鸡啼。"

地处法租界的复兴公园落成于宣统元年，名顾家宅公园，因其前身是农田，有小村顾家宅，沪人俗称法国公园，民国三十三年改为大兴公园，两年后又更名为复兴公园。公园早期景色有欧洲风情，园内有几何形花坛和大草坪、音乐演奏亭，复兴公园西南部为中国园景，有假山、瀑布、小溪。民国五年园内开始饲养小动物，后发展成为动物园。

旧志记载："极司非尔公园位于沪西，为公共租界公园中最优美者，园中布置合东西洋美术之意味，冶于一炉……"，中山公园旧称兆丰公园，又叫梵皇渡公园，早期此园由幽林、碧草、鲜花、小溪组成乡村自然景色，极富欧陆古典园林情调，鸟声悦耳，芳草鲜香，游人在此进行野餐小聚，其乐融融。民国十三年公园中部辟建山地植物园，植物园南有一片芦苇丛生沼泽地，水色波光映入眼帘，游人到此莫不心旷神怡，野趣无限……

清光绪二十八年公共租界工部局采用英国园林风景专家斯德克设计方案建造靶子场公园（现在的鲁迅公园），1909 年对外国人全面开放，是典型的英国式自然风景公园，有大草坪、音乐台、溪流小桥，富有欧洲乡村情调。1956 年，鲁迅墓迁葬于此，成为纪念性公园。

寻迹沪城老公园

光绪二十四年（1898 年）宝山县园林改为城西公园，是中国地方政府所建首座公园。沪人记忆中的老公园有：崇明庙镇公园、朱泾第一公园、高桥公园、黄渡中山林公园、堡镇中山公园、余姚路新加坡公园等 28 个已废公园。

原为江阴颜料巨商薛葆成家属墓园，建于民国三十一年的兰维纳公园（现襄阳公园），进园一条大道，两旁法国梧桐遮天蔽日，草坪、喷水池、对称式花坛，法式情调无处不在。

民国十七年嘉定县政府将汇龙潭、孔庙、应奎山、奎星阁、龙门桥、文昌阁辟为奎山公园（现汇龙潭公园），这汇龙潭早在明末清初潭水与孔庙建筑和应奎山相映成趣，晚清，沿汇龙潭嘉树茂密，柳荫深深，是嘉定古镇一个清逸幽静之风水宝地。

崇明县鳌山公园落成于民国八年，山人工而为，筑于宋代，为航海之标识，康熙七年总兵张大治改建寿安寺，又与知县王恭先在寺后复筑金鳌山，山有九峰，中峰最高，山上有镇海塔，目前鳌山公园内尚存200年古树有6株，最大1株是康熙七年植的桧柏，树龄有300余年。

民国二年（1913年3月20日）宋教仁在沪遇刺身亡，6月葬于闸北象仪巷，墓地百余亩，此地后被称为"宋园"，民国三十五年更名为教仁公园（现闸北公园）。

上海市立动物园，文庙路200号，园地面积原仅七亩三分，后扩充至十亩九分，有虎、豹、狮、象、兔、孔雀、白鹤等大小动物78种。民国时，年参观者达一百零五万人，年门券收入计银一万七千余元。

文物古迹旧公园

旧时"邑庙公园"就是现在的秋霞圃，为嘉定名胜，原是龚、金、沈三家私园和邑庙。园景分桃花潭、凝霞阁、清镜塘、邑庙四区。园内明清古屋，奇卉异草，嘉树珍木，奇石、古桥、楼、台、亭阁移步皆景，现存百年老树22株，春夏秋冬四时花开不败，秋月赏菊最为相宜，大得采菊东篱幽然之乐。

素有"奇秀甲江南"的豫园，原是明代沪人潘允端的花园，后几度易主，乾隆二十五年乡绅集资购得豫园土地重建修复豫园，直到乾隆四十九年基本竣工,园内有三穗堂、大假山、仰山堂、点春堂、玉玲珑、九龙池等景。修复后的豫园已经成为公园性质的寺庙园林,晚清又屡遭战争破坏。

南翔古猗园建于明万历年,园名取自《诗经》"绿竹猗猗"句,得"猗园"之名,园由嘉定竹刻名家朱三松设计布置,后几经转让,乾隆五十三年古猗园成为城隍庙的庙园,有缺角亭、不系舟、听雨轩、小云兜、唐代经幢诸景,香客均可入园游玩,抗战时毁坏严重,抗战胜利后镇政府筹款重修古猗园开辟为公园。

青浦曲水园,清乾隆十年建,曾名"一文园"、"灵园",嘉庆三年改名曲水园,宣统三年归县管辖改为公园,园以水景取胜,荷花池水与城河连通,园内以凝和堂建筑为中心,古木森森,池水粼粼,藤萝满墙,是沪人寻幽之好去处。

往事桩桩在公园

若问,老上海人是如何游园休闲的?且读一段旧籍写邑庙之景:"内园清静幽雅,夏日避暑,冬日赏雪,均觉适宜。……常人入内游赏不取游资,有老者专司烹茗,小池中金鱼历历可数。每逢兰花或杜鹃花盛开,设有花会,取佳种陈列厅上,任人品评,洵城市中一清静地也。"晚清文人杨伯润豫园看菊诗云:"豫园团聚一楼花,哄动江城十万家。谁赏荒斋破篱下,傲霜剩有数枝斜。"民国初年,豫园萃秀堂的大假山特于重阳节开放,供市民游人登高望远,听郑逸梅先生说,小时候他随大人去豫园爬假山登高,还要带些插着纸旗的豆沙重阳糕助兴哩!

但是旧上海的公园不是一味清静休闲的,1937年八·一三,日军进攻上海,上海市政府辖区公园大都毁于炮火,损失惨重。1932年一·二八淞沪抗战结束后,日寇在虹口公园开会"庆祝大捷",爱国人士王亚樵安排一位叫尹奉吉的朝鲜革命志士混入司令台下一连扔上两颗炸弹,一阵惊天动地的巨响,讲台轰塌,血肉横飞,日本侵华军总司令白川义则大将被炸三天后毙命。日寇首领死伤惨重消息传出,沪人拍手叫好!

1925 年,"五卅"反帝示威游行队伍经过外滩公园,愤怒的学生从小皮匠处借来榔头把那块侮辱中国人民的"公园园规"砸烂!三年后,北伐军节节胜利的形势下,租界当局不得不通过议案,自 1928 年 7 月 1 日起,才对中国人开放。上海解放前夕,国民党一度把闸北公园当作屠杀革命志士的刑场,以后每当春天来临,曾经渗透着革命烈士鲜血的闸北公园里的花开别样红!

老上海部分老公园一览

1871 年外摆渡桥南堍西侧有个儿童公园(预备花园)

1890 年建立四川路桥东侧的新公共花园(华人公园)

1898 年建立昆山路虹口公园

1911 年建立汇山公园

1916 年杨树浦路东端有个周家嘴公园

1922 年建立南阳路儿童游戏场

1924 年建立霞飞路宝昌公园

1928 年血华公园建立

1932 年市立第一公园开建

1934 年龙华路市立植物园开放

为闻雅音频入座——上海老书场

一

说书艺术，指说唱故事的曲艺。盛行于苏、浙、沪一带，以运用苏州方言为主叙事说书，也称"苏州评弹"。以说评话谓"大书"，弹词谓"小书"，"评弹艺人"或者"说书先生"都是旧时的称呼，现在已统称为评弹演员。书场就是指评弹演艺者演出的场所，也有别名为"书社""书苑""书屋""书馆""书楼"等等；既有专业书场（清书场），也有茶楼书场、旅馆书场、公园书场、文化馆书场、俱乐部书场、舞厅书场等等，无非类型不同、功能不同，迎合不同人的口味和选择。书场曾经有过辉煌的过去，先后涌现出许多著名评弹演员，对于推动评弹事业的发展，起到了重要的作用。

1876年（光绪二年）上海办起第一个女书场"也是楼"（旧址在今福州路山西南路转角），由清一色女演员演出。至清末，上海开始放松对于男女同台合演的限制，女书场才逐渐衰落，"也是楼"于1911年也告结束。

18世纪末创办的上海老书场计有80多家，大多设在人民路、小东门、福州路、云南路、浙江南路、金陵东路、福建中路、广东路一带。

19世纪可以说是上海老书场鼎盛时期，创办的书场已有300多家，从最初的南市、黄浦一带延伸至南京路、静安区、虹桥、浦东、杨浦、虹口等地区。

　　旧时沪上四马路青莲阁,福建北路玉茗楼,广东路万云楼,东棋盘街春江花月楼,十六铺称心如意楼,邑庙内松鹤楼、桂花厅、湖心亭,咸瓜街三阳楼,西康路明月楼,牯岭路湖园等都是老听客熟悉的书场。创建于1890年的汇泉楼对于造就评弹演员、扩大评弹影响起过积极作用,弹词女演员范雪君在此演出《啼笑因缘》大获好评。宁波路493号南园书场,场内台椅用红木制成,华贵典雅至极。西藏路上东方书场是老上海设备最好的书场之一,有600余个座位,冬置皮垫、夏铺草席,所聘艺人多是响档。浙江路天津路口的萝春阁是朱耀祥、赵稼秋首演《啼笑因缘》的书场。山西路南京书场1941年春节因演《三笑》而轰动上海。西藏书场原是新世界游乐场附设跑驴场,四十年代改为米高美舞厅,后成为专业书场。新仙林书场原是舞厅,因杨振雄在此演《长生殿》而名声大振。红星书场原为纽约夜总会,四十年代始演评弹,是上海市北的重要书场。

二

　　早期的老书场进场时要买"竹筹"亦称"签子",凭此入场。竹筹阔约一寸,长四至六寸不等,上烙有火印号码。书场门入口处,悬挂每场演出书目和演出者名字,内容用油漆书写于木牌上,旧称"水牌"或"书牌",知会听客。书场如属简陋的茶馆,则说书台就摆在平地上,此则谓"平台书";书台以砖或木垒起,高出地面,便于后排听客聆听观看,此则称"龙桌"。旧式的书场设长台或方台,两旁放长凳或靠椅,台上可以放置茶具。凡书台前方的长凳或靠椅大都为年长而听书资历较深者而设,以示尊重优待。椅背上往往有一圆形杯架(木质或铁条丝),可供后面一排听客放置茶杯。

　　说书先生的演出台上放置醒木、折扇、手帕、茶杯和乐器等道具,而他们的座椅较普通座椅要高，因此椅前脚下须以小凳搁脚，其用意在于用乐器时可将脚部托起，便于弹奏，而唱声用气，发自丹田。台上坐于右侧者为说书的当舵手，称为"上手"，操三弦；坐于左侧者为"下手"，是配角，弹琵琶；如此二人合演谓"双档"。倘三人同台，坐于中间者，除弹琵琶外，也弹秦琴或二胡。

以前书场一般演出三档书，叫连档书，称"中篇评弹"，也有各不连贯的短篇书，凡在台上正在上演的时间将届要落档时，台上悬挂的红灯点亮，则是对演员收书换档的示意。听众倘对演员不满，即高叫"倒面汤"（意思是叫书场人员准备洗脸水，让演员下台洗脸）。到书场听书的客人也有携家眷和小孩的，书场内除了供客香茗一杯外，也有其他小食售卖，饿了还可以叫生煎馒头、蟹壳黄、火腿粽子和泡茶送毛巾的服务。书档中间的休息片刻，往往是服务员收茶资小费卖小点心的服务，十分热闹。书场东主负责聘请说书艺人，生财设备，水电煤茶叶；领班负责毛巾、雇佣服务工，领班和职工的收入靠服务小账，场东和艺人四六拆帐，即场东拿六成，艺人拿四成。

从前说书人到苏、浙、沪地方书场演出叫"跑码头"。评弹艺人中流传着这么一句话："常熟角里吃肉，无锡角里吃粥"，局外人不知其意。原来旧时常熟书场中老听客学识渊博，对评弹艺术研究很深，倘若说书人在台上表演出现失误，次日听客在吃早茶时会同演员交流提出意见，有利演员在艺术上不断进步。而在无锡乡村小镇书场里，演员在台上说书，台下听客围着一桌桌麻将玩，台上人连下面桌上的中、发、白都看得见，碰、和之声不绝于耳，这种境况下，演员怎能提高水平？赚不到钱，当然只好吃粥喽！

浦东工厂里工人亦喜听评弹，说书先生去那里演出得乘黄浦江上划子船摆渡。在浦东小场子说一场书，报酬是两块银元，有时应听众要求可连加一回，半小时，行名叫"翻牌"。这时，说书台上放只小匾，听书者可随意扔一两角钱入内，收集后也有一元多钱进账。曾听说书老艺人讲，从前说书人苦透苦透，四处飘泊，生活不稳定，尤其在抗战时期日子更不好过，有时正好好地在台上说书，遇到地痞、流氓捣乱，甚至有汉奸、日本鬼子前来无端寻衅、敲诈勒索，说书人更是苦不堪言。

三

评弹界前辈朱少卿、也是娥、郭少梅、薛筱卿、朱兰庵以及弹词三大响档之一的朱介生，以演《啼笑因缘》名振沪上的姚荫梅，演《三笑》的刘天韵，说评话《英烈》的张鸿声，说唱《杨乃武与小白菜》《双珠凤》的李伯康，说《包公》以飘逸洒脱、节奏感强烈被人称为"老包公"的顾宏伯，说《三国》能以"十常侍乱政"说到"司马篡位"而在民国初年已成名的何绶良，二十年代响档"马派魏调"以演《珍珠塔》出名的魏钰卿，善说《三国》的陆耀良等艺人，都是活跃在上海老书场中的著名评弹演员。

上世纪四十年代，上海评弹界曾评选出"四大名家"，他们是演《描金凤》的夏荷生、演《珍珠塔》的沈俭安、演《落金扇》的蒋如庭、演《玉蜻蜓》的周玉泉。至于以一曲"蒋调"名望鹊起的蒋月泉，把说、噱、弹、唱融为一体形成平朴流畅"严调"的严雪亭，以"张调"演《顾鼎臣》《十美图》著称的张鉴庭，以委婉凄切唱腔而自成"祁调"唱腔的祁莲芳，1948年进入上海演《长生殿》、擅唱俞调后自创"杨调"流派的杨振雄等，都是上海滩评弹流派的响档演员。

评弹经典书目十部

三　国　据小说《三国演义》编演。

岳　传　最早演出者是清道光年间艺人姜如山。

长生殿　由杨振雄参照洪昇《长生殿》改编。

林　冲　据小说《水浒》改编。

三　笑　最早演出者为清嘉庆年间女艺人马秀英。

顾鼎臣　二十世纪三十年代张鉴庭据唱本《双玉玦》改编。

大红袍　亦称《玉蟹龙》。

玉蜻蜓　最早演出者是清乾嘉年间艺人陈遇乾等。

描金凤　讲述明代万历年间书生徐惠兰的故事。

珍珠塔　亦称《九松亭》，讲述明代河南祥符秀才方卿之事。

（部分资料由陆康先生提供）

品味典藏

从来佳茗似佳人——老上海的茶馆

老茶馆搜寻

茶馆，老上海风情旧景之一。清末，沪城内外，南市北市、沿河傍桥、十字街头茶馆遍布，茶客如云，茗香醉人。有人认为茶馆这种称呼多见于长江流域；南方两广之地多称茶楼。各地更有茶肆、茶寮、茶屋、茶室、茶坊，叫法各异。旧上海茶馆多以楼、馆、园、阁、居、社之称。茶馆题名亦雅，如：秋月楼、碧露春、鹏飞白云楼、江南一枝春、品泉楼、香雪海等颇具诗情画意。

据说，上海滩最老的茶馆大概是朱行镇上沈复兴茶园，开设于清咸丰元年（1851 年）。清同治初年沪上茶馆开始兴盛，著名老茶馆丽水台建于洋泾浜三茅阁桥边，高阁临流，背靠东棋盘街，坐落于青楼环绕之中，当年茶座间有"绕楼四面花如海，倚遍栏杆任品题"之句，成为文人雅士、富绅阔少流连之地，有歌咏道："茶馆先推丽水台，三层楼阁面河开，日逢两点钟声后，男女纷纷杂坐来。"晚清庙园均设茶肆，旧时沪城有"城中庙园茶肆十居其五"之说。尤其在城隍庙附近茶馆丛集，有鹤亭、船舫厅、乐圃阆、群玉楼等十余家。其中，西园湖心亭是南市茶馆的代表，这西园原来是豫园故址，湖心亭筑于清乾隆四十九年，由大布商祝韫辉等人集资建楼于老庙九曲桥旁荷花池中央，嘉道年间是青蓝布商贾聚会之地，咸丰五年改为也是轩茶楼，楼内花梨木茶几、云石台面老红木圆桌、蛋圆形红木凳、名人字画布置甚雅,暑中坐饮,荷风徐来,清香拂面,饮者尘心顿滤,两腋生风,龙井、碧螺芬芳欲醉,申江品茗消夏胜处也。

　　19 世纪 60 到 70 年代,上海大马路(今南京东路)、宝善街(今广东路中段)、四马路(今福州路)一带茶馆林立,有一壶春、桂芳阁、阆苑第一楼、升平楼、菁华楼、一洞天等,当时沪人把去宝善街上松风阁茗饮列为沪北十景之一。而光绪初年,沪上三胜楼、开东楼、玉川品香社这类茶馆内有二八妖姬、高髻盘云陪人调笑,那是走了茶味的东洋茶馆以色情招揽客人的场所。旧时南京路上,老茶馆五云日升楼位于浙江路口,西对面是易安居茶,后来广东商人把它买下后开先施公司;易安居南对面是陶陶居茶馆,郭家盘下后改为永安公司。著名茶馆青莲阁的前身是华众会茶园,旧址在现外文书店。当年楼上卖茶,楼下百戏杂呈,有西洋镜、哈哈镜、幻灯片、珍禽异兽等供人参观。有人统计,清宣统元年(1909年)上海约有茶馆 64 家,到民国八年(1919 年)增加到 164 家。民国以后至抗战时代的孤岛时期,沪上茶馆业逐渐走向衰落,一些晚清极负盛名的老字号茶馆因门庭冷落纷纷关门,但数量增多的小茶馆及"老虎灶"式的平民茶馆仍能吸引不少社会底层的茶客。

老茶馆场景

　　从前,茶馆伙计叫茶房也称茶博士。他们冲茶时手握铜壶,壶嘴离桌数尺,瞄准茶碗一举一落可连注数盅不见一滴在外。旧时茶资视茶馆档次而定,从十多文钱至百余文钱不等。有一种元宝茶在农历大年初一供应,店家在盖碗上加了两只青橄榄,美名"元宝茶",讨个吉利口彩。早年青浦朱家角放生桥两侧的桥楼茶馆地处雅静,茶客来此择个靠窗座位沏上一壶上好香茗,啜茶、赏景、谈天、看书或独坐冥想,偷得浮生半日闲,悠然而乐。这是上海老话"孵茶馆"的写实,有此瘾者一日不可或缺。

据说从前老茶客进入茶馆坐定点茶不必开口，可用手势表示：食指伸直是绿茶、食指弯曲是红茶、五指齐伸微弯是菊花茶、伸手握拳是玳玳花茶、伸个小指是白开水，伙计一看心领神会。有老茶客告诉我，茶馆业有行业术语，俗称"切口"，如：一、二、三、四、五，叫摇、柳、搜、埠、崴，茶叶叫"淋枝子"，好茶叶叫"尖淋"，次茶叶叫"念嘬淋"，客人叫"年子"，来客叫"入窑儿"等等，一般人是听不懂的。

老上海各行各业以茶楼为场地洽谈生意交流信息。晚清营造厂商主要集中在青莲阁举行茶会，建筑商多聚在福州路 496 号长乐茶园，一些小包工则在湖北路天香阁及附近的一乐天茶楼活动，花卉行业在老西门外万生桥阿德茶馆设台交易，品芳楼是旧汽车及配件的交易场所，四美轩是珠宝玉器市场之一，浙江路萝春阁是木业聚集地，一洞天茶馆成了各报社的"新闻聚会"中心。旧时三教九流都涌向了茶馆这块"风水宝地"。巡捕、密探、包打听混迹其中，娼妓时隐时现，吸毒的、诈骗的、算命的、传教的、赌博的、拉皮条的、不务正业的都在此亮相、游动。旧时男女私奔大半是约定以茶楼为出发地点，新闸路大王庙、西安茶园、永嘉路康兴园、老西门中华楼、徐家汇彩云楼等低档茶馆内有穷苦工人在等待雇主招工，俗称"孵豆芽"。流氓白相人为抢地盘、分赃不均而来茶馆"吃讲茶"，一言不合，板凳、茶壶、碗盏横飞大打出手，茶楼顷刻变战场。不过这"吃讲茶"的也有讲文明的，那是 20 世纪初上海青年工人离婚谈判多在茶馆里进行，双方各请几个朋友来"吃讲茶"，双方客客气气谈好条件，男方付给女方一部分钱，离婚即告完成。

老茶馆文化

有人说"戏曲是用茶叶浇灌起来的一门艺术"，清代上海最早的戏院"三雅院"吃茶带看戏，实际上仍是茶馆，每天下午才搭台演昆剧等戏，茶馆兼营戏曲是其功能延伸,老茶馆常依靠评弹演出来吸引茶客。

任伯年入室弟子、画家俞达夫从扬州老话"早上皮包水,午后水包皮"中得到启发,在九江路"洗清池"浴室隔壁开了文明雅集茶馆,当年一批文人、书画家喜欢到此雅集,煮茶论艺事。著名灯谜社团"萍社"常借此地举行活动,茶座间悬挂着灯谜,给寻常的茶馆增添了浓厚的文化艺术色彩。棋盘街广式茶馆同芳居的粤式点心虾饺、蛋挞和潮汕功夫茶小有名气。这里还有一种叫"摩尔登"的进口糖果形如围棋子,色淡红淡黄,据说西方"茶花女"最爱吃。南社奇才苏曼殊十分景慕"茶花女",自然也成了这里的熟客,每次回家少不了带上几瓶"摩尔登"糖。苏曼殊的许多诗文是在此品茶时抒发写就的。

从前老茶馆对联颇多,上海八仙桥老虎灶老板曾请人撰过一联:"灶行原类虎,水势宛喷龙。"沪上书家洪丕谟先生曾书录过茶馆妙联两对:"来不请,去不辞,无拘无束方便也;烟自抽,茶自酌,说长说短自由天。"另一联:"四面皆空,坐片时何分你我;两头是路,喝一盏各自西东。"走笔至此,忽然想起我家曾藏着个清乾隆仿明代斗彩"鸡缸杯",那是先父于民国年间在沪上"马立斯"菜场旁边的一家小茶馆里喝茶时从一个落难到此的扬州破落绅士手里花 10 块大洋买来的,珍藏了几十年,1983 年被一位南方来的商人说是"借"去玩玩,至今未还。

老上海英租界部分茶馆一览

大马路	鸿福楼	一壶春	一林春
石　路	凤来阁	万福楼	玉龙台	金凤阁
二马路	锦福楼
三马路	万祥春	引凤楼
四马路	三万昌	五层楼	沪江第一楼	乐也逍遥楼

金隆里　风月楼　满庭芳

宝善街　龙园　爱吾庐　怡珍居

六马路　潮阳楼　玉壶春

洋泾浜口　西新楼　月华楼

自得其乐

澡垢雪滓真快意——老上海浑堂

混堂之混

混堂(一说浑堂),是上海等地对公共浴室之俗称。老上海公共浴室,许多人混杂合用一池,自早到晚水不更换,池水混浊浮腻之状可想而知,故名混堂。另据古籍记载,明代吴地浴室,前池后釜,中间有砖墙隔开,池底有管道与釜相通,釜下燃火烧热水与池中冷水不断交流混合,逐渐增温,成为浴汤,名曰混堂。但老上海浴室却没有一家用"混堂"来命名,大多用泉名或吉祥文字取名。

沐浴,北方人叫洗澡,广东人谓冲凉,上海人称汰浴、忽浴。旧时汰浴另一意思是妓女欠了一身债,伪装嫁人,像汰浴一样洗去债务骗人钱财。老上海旧城内外无论狭窄小街、低矮市廛都能找到混堂,上海人对于天津路浴德池、石门二路卡德池、普安路日新池、北京西路新闸路口大观园、淮海东路逍遥池这些知名老混堂应该不会陌生,在那居住条件极差的岁月里,混堂曾给人们带来沐浴的快乐。

晚清的申城混堂浴池宽约五六尺、长八九尺、深三尺,以锅烧汤,水热后用木桶倒水入池,可容十余人同浴。关于浴室,清人葛元煦等著《沪游杂记》记有租界盆汤,以盆汤弄之畅园、紫来街之亦园为最久,星园继之,官座陈设华丽,桌椅皆红木嵌湖石,近增春园、怡园密房曲室,幽雅宜人,堂内兼有剃发、剔脚等人,官盆每浴 70 文,客盆 35 文,此处五浊世界,不可藉以湔洗也。早期上海公共浴室大略如此。旧时苏州河上曾有盆汤弄六孔木桥,青浦有混堂浜地名,七宝古镇有浴堂街,曹家渡有条小街叫混堂弄(今长寿支路)。《申江杂咏百首》有吟盆汤弄一首:攒列蜂房气不寒,澡身争就此盘桓,是间容易蒙污垢,赖有香汤似浴兰。

南市一带的"清水盆汤",由老虎灶或茶馆兼营,天热开放,浴客大多是黄包车夫、码头工人,每人一盆,围布蔽之,甚为简陋。上海首家女子浴室是1926年开设的龙泉家庭女子浴室,为附近妓女大开方便之门。20世纪初上海滩上出现了西化的浴室,如土耳其浴室、芬兰浴等设在闹市地段,精制招牌上写有中文、外文广告,有的是色情场所。1946年时沪城大街小巷有混堂140余家。

混堂景象

旧时混堂是社会上三教九流混合汇聚之地,市民当然也是主要客源。浴室师傅个个都是面带笑容、眼尖手快、见貌辨色的服务高手。当你买好竹筹踏进浴堂,木拖板、茶水、热毛巾如变戏法般地闪现在眼前,脱下的衣裤,浴工师傅动作神速,整理有序,轻轻一叉,稳稳地勾在高高的衣架上。浴毕奉还时绝不会张冠李戴,但那个年头常有白相人骚扰,谎称在浴堂丢失衣服进行勒索,也有"大内高手"之偷儿乘人多手杂时,盗窃高档衣物,所以混堂洗浴失衣是习以为常之事。

通常混堂大池最里边有个分隔小池称头池、焦池,池水最烫,泡足颇佳,上有木栅防人滑入。一些患有脚气病者喜欢在此烫脚丫,据说其舒适感觉妙不可言。浴客在大池里浸泡过瘾擦背去垢后,在外间面盆、莲蓬头处冲洗干净走出浴间气爽快畅,接住迎面抛来的数块热毛巾擦干身体,裹着浴巾往榻上一靠,浑身酥软,朦朦胧胧进入梦乡,一觉醒来不知身在何处。旧上海流行一句扬州老话叫做:早上皮包水,晚上水包皮。

指的是本地一些闲人早上登茶楼吃茶，茶水灌满肚子，成了皮包水。晚上孵混堂泡在浴池里逍遥自在，人间烦恼全洗尽，又成了水包皮。

旧时沪上有沐浴剃头迎接农历新年之习俗，每年腊月二十至除夕夜，是上海混堂生意旺发之时。当年小浜湾进贤路上西泉浴室是申城为数不多设有一清一浊两个大池的浴室，同其他澡堂一样，堂口有擦背、捶背、扦脚、敲脚、推拿、剃头、擦皮鞋等服务，还有人托盘小卖出售生梨、青萝卜、青橄榄、莲心汤等清热去火爽口小食，修脚师傅一刀在握为浴者医脚，施展劈、挖、分、修、锛、削、起、刮等刀术，恢恢乎游刃有余。从前的"扬州三把刀"之说：厨师切菜刀、理发剃头刀、混堂扦脚刀。可见扦脚一行在旧时生活的重要性。

旧上海有人喜欢赶洗头汤浴，有的浴客买通混堂浴工，开后门抢在浴室营业前大池浴水清澈见底先入为主，清清爽爽一洗为快。据说这是有人去面馆吃头汤面后得到的启发。随着沪上传统老浴室逐渐消失，有的老上海专觅古镇、冷街、旧巷残存的老式混堂孵上半天，高卧在浴室长榻上，呷一口香茶，燃一支烟，凝视着混堂里飘忽的雾气，伴着浴堂嘈杂声寻味旧时洗浴之感觉，亦是一种玩法。

混堂轶事

1923 年 11 月 10 日淞沪警察厅厅长徐国梁刚刚在大世界附近温泉浴室洗完澡，红光满面，哼着小曲步出浴室大门，突然窜出几条人影，伴着枪声，徐倒毙在血泊中。事后查出凶手是连黄金荣、杜月笙也惧怕几分的海上闻人、上海"斧头党"帮主王亚樵及其门徒。这就是惊动上海滩的混堂门口暗杀事件。

女画家潘玉良 1927 年的习作《裸女》获意大利国际美术展览会金奖，可有谁知道，她的艺术源泉竟是从混堂里汲取而来。原来，当年刘海粟办的美专因模特儿事件无法进行裸体写生，潘玉良灵机一动，想起上海混堂内是一大群女人在一起洗浴没有遮隔,于是她常去女子浴室,在浴堂内认真观察,偷偷拿出纸笔写生。一天,老师刘海粟和同窗见到她精妙的浴室人体素描,都十分惊奇。

据说,民国时某日申城报端登出大世界游乐场老板黄楚九的大幅广告,说是要征求一位终年常带笑容的人。人们见报后纷纷猜测黄老板要为大世界物色一位演员,一时市民蜂拥而去应征。最后有一位据说能 24 小时笑口常开的胖子入选,薪水很高,被安排到黄楚九开的温泉浴室当一位和蔼可亲的招待员。后在那里做了许多年,直到笑容消失,那胖子才离开混堂。

清末,李鸿章来沪时足底患老茧鸡眼如肉中有刺深将及寸,急召浴室修脚名手到其行辕奏刀,足底之痛立除。鸿章大喜,重奖修脚师。

从前在西泉浴室内有一副木雕对联,传是戏剧家田汉所写:"进门皆是清洁客;出门并无龌龊人。"这或许是对申城混堂的绝妙写照!

老上海部分混堂一览

畅园　清同治年间设于盆汤弄

亦园　清同治年间设于紫来街

渭泉园　清同治十一年设于陆家浜畔

朱家角俱乐部浴池　清末设于青浦朱家角漕港河旁

春园、怡园澡堂　清光绪二年设于宝善街广东茶馆内

宝兴池浴室　民国五年设于宝山路存仁里 3 弄

温泉浴室　民国六年设于现延安东路

乐泉浴室　民国十七年设于现长宁路 1805 号

三民浴室　民国十九年设于极司非而路 946 号

南泉澡堂　民国二十二年设于闵行河东街 1 号

天泉浴室　民国二十五年前设于现平凉路 510 号

老上海的水井

　　旧时沪上老弄堂内、石库门边、古镇小巷、老屋庭院都能看到寻常的井。如今要你在上海市中心随意找一口有清水的井，好像有点难。井，正在淡出这个城市，渐渐处于被沪人遗忘的角落，成为怀旧的题材。

　　老上海有井的历史大约距今 6 000 年，考古人员在青浦崧泽文化遗址曾发现两口马家浜文化时期的水井，这是掘井史上最早的水井之一。上海郊区已多次出土古井，1990 年青浦朱家角渔民在清理鱼塘时发现良渚文化古井为圆筒形，用一棵对剖开的大木中间挖空后合作井壁，木质已炭化朽蚀。1981 年松江天马乡发现南朝古井。1985 年安亭双墩庙附近发现东汉古井，井身由 9 节泥质灰陶井圈叠置而成。1982 年安亭新泾大队发现元代古井，井底出土元代釉陶壶等物。此外，川沙出土的王港古井，松江姚家圈遗址发现的唐宋古井，奉贤的宋代古井，都是上海先民使用水井的见证。古井栏大多用整块青石、花岗石等雕凿而成，式样有直筒形、六角形、八角形、水盂形、方形等，井栏内口以圆形居多。石有肉红、青灰、青白、灰白诸色。

　　清光绪元年，上海开始建设自来水厂，在这之前，邑人多凿井引水作为生活用水主要来源。上海老城厢的地质，由于第四纪沉积地层深厚，潜水层中蕴藏着丰富的地下水，旧式里弄的水井通常取水于此层，当时城里河中沟渠之水已浑浊得不堪饮用，每到涨潮时，有的居民则取水于城外浦中。随着自来水的发展，市区的土井大部分用于洗涤、冲洗等用途。上世纪四十年代中期，上海杨树浦水厂因煤源不足减少供水。日伪限制市民自来水用量，许多工厂、商店、住户开挖土井取水。民国三十三年9月，伪公用局又以时局非常，鼓励市民开凿深井或土井，上海出现了一次土井开挖高潮。据统计，解放前，上海郊县有土井2万口左右，1966年上海市区共有土井12 219口，估计大部分是旧上海遗留之井。

上海豫园有古井亭，亭中之井非豫园旧物，而是江湾原道家景德观山门右侧明代嘉靖三十六年古井栏，井内曾出土韩世忠行军瓶，俗称韩瓶，1957年石井栏移至豫园筑亭保护。南市乔家路徐光启故居旧址曾有明代古井三口，笔者去年6月初前去考察，仅见一井在居民灶间内，口已被封，另两口据说已被填埋。我在附近乱石堆中意外发现明式六角棱柱形古井栏一只，后通知博物馆及时收归国家所有。小南门天灯弄书隐楼西墙外有宋井一口，井栏八角形，青石雕成，每边各有横直线两道，井口小，腹大若水盂造型；书隐楼另有三口明代水井，现存六角青石井栏两只。墙脚一口明代井保存完整，井内有水，但已发臭。旧时沪上还有名井多处：奉贤奉城元代张公井；南市文庙大成殿外张公井；金山张堰河心古井；上海县北桥镇瓶山道院天移井；永嘉路12弄旧有淡井庙，庙里有口井，井水淡而甘；安亭菩提寺古井，相传是南北朝遗物；松江辰山清代有十景，其中"丹井灵源"是在彭真人平时修炼处，有一水井相传为吕纯阳遣迅雷所凿，以助彭真人修炼，井水清冽可口。

老上海残留的古井寥若晨星，更显稀有珍贵，当我们抚摸着光滑的石井栏辨认着年久风化的刻铭，解读老上海"井"的文化时会闪现一个遐想：那幽深的井底是否沉淀着往昔流失的时光？

老城隍庙大门口原有口阴阳八卦井，旧时周围居民都吃此井之水。据传这口井每天汲出的第一桶水不宜饮用，海上闻人黄金荣早年在附近萃华堂学裱画时听师傅说，这井每天汲出的第一桶水用于裱画效果奇佳，于是他每天天不亮起床打出这第一桶水。清代光绪年间，南市新北门内数年间发生大火两次，毁屋 600 余间，有风水先生认为此处是"火地"，必须凿井 7 口以克火，地方官竟命人挖井 7 口，美其名曰"七星井"，之后此地火灾还是发生，当然，用这些井的水救火确也减少了损失。青浦福泉山古称"息壤"，因山形似覆船，也曰覆船，后因井泉之水甘美改为"福泉"。据当地老农说，从前挖井都要请风水先生择日期、时辰、位置方可动工。古法凿井：先贮盆水数十置所欲凿之地，夜视盆中有大星异众者，凿必得甘泉。老皇历中有"卯不穿井"之句，民间传说卯时属兔，若挖井会惊动玉兔，使它埋藏的金子流失。浦东陆家嘴陈桂春老宅建筑在大天井正中有口水井，六角形井栏，砖块砌成，外抹水泥，井中有水甚清。著名学者尹文先生分析这种布局是，使天上泉的雨水与地下泉的井水能循环往复，又称天地合一。水井位于住宅正中位置，无论煮饭、浇花、防火都很方便，显得科学合理。民间有种说法：上接甘露，下接地源，财源不断也。

家住城南门外

老上海的风灾

　　上海近海，每年春夏天遭受大风大雨影响，我们从许多老上海照片中可以看到夏天马路上积水很深，那时候上海马路排水系统设施比较差，市区到处是"一片汪洋"。

　　依稀记得，直到上世纪五六十年代，每到暑假，大风狂雨如注，老弄堂石库门里就浸水，我们住的老大沽路、重庆北路、人民广场一带马上积水，窨沟盖子、粪坑盖子都被大水掀翻，污水横流，烂木头、破罐子随水漂荡，那个脏哪，现在想想真可怕，但是有人开心噢，石库门里的上海小囡可是喜欢这大风大雨，涨大水，小朋友们一起在马路上涉水玩水，俗称"划大水"，哗哗的水声和笑声掩过了上海家庭煮妇、上班族的抱怨声……

　　家住城隍庙附近，从前踩三轮车的李老先生说，解放前他们家住在南市老弄堂的陋屋里，某年盛夏，天气奇热，有一天晚上突然刮起大风，倾盆暴雨骤至，大风大雨把电线刮断了，屋子里一片漆黑，雷声轰鸣震天响，大风把他家的破旧木板平房的顶掀去一半，大雨把家里浇得一塌糊涂。下半夜，街上发起大水，涌入室内，马桶也飘了起来，一家五口人挤在一起，撑着一把油纸伞，挨到天亮，又冷又饿。早上淌水出去，想买点点心吃，哎呀！弄堂口大饼油条摊也被大水淹了，气得做大饼的老山东骂骂咧咧。大水一周后才退尽，弄堂里一片狼藉，那年头做人真苦啊！

　　回头让我们来看看老上海农村受大风的影响如何？历史上上海农村

受到台风和龙卷风侵袭次数很多,奉贤县农村清(康熙)十一年秋七月二十日龙卷风来房屋飞入空中,行人也被风卷走,下冰雹大的有重至二三斤者。到了1919年夏天,大风潮把彭公塘外小圩塘冲决,海潮涌至里护塘下,夹塘地区无数庄稼、房屋被淹。民国三十一年2月23日黄昏,柘林一带狂风暴雨,经两小时的摧残,顿时屋宇倾覆,草房车棚大半吹倒。1949年7月24日,6号大台风袭境,风力10～12级,降暴雨,有海塘溃决十多处。外塘河水暴涨,棉花没顶,房屋进水。听老农民说,那年河水淹没灶门,农家灶膛竟然可以活捉到许多欢蹦乱跳的河鲫鱼,可谓奇哉!

金山县的旧志记载:清顺治八年(1651年)六月"有龙于漕泾取水,提一舟入田中"。可见龙卷风的威力!清康熙九年初夏,"骤雨烈风,拔木倒屋三昼夜乃止"。康熙二十六年夏,大风"破墙折木,屋瓦飞空,千里内外同日俱,遍屋(坍倒房屋)压及、舟覆死者比比皆是"。

近海的宝山县亦是遭受台风侵袭的危险地带,古代海塘建设不牢固,台风暴雨一来,那就惨啦。万历十年(1582年)七月,宝山县受到台风侵袭,宝山海滨溺死者和坍屋无法计算。万历十九年七月十八日,海水倒灌,水高一丈四五尺,淹死者无法计算。到了清代康熙三年(1664年)七月二十九日,海水大溢,五昼夜不退,沿海居民和房屋被洪水冲走。康熙三十五年六月,台风,平地水深一丈四五尺,房舍漂没殆尽,淹死1.7万余人。

松江县受飓风的影响如何呢?让我们查查史料,有三次受害比较明显的:明万历十年(1582年)七月,海溢过捍海塘,漂没人畜无数,大风拔树飞瓦,雨彻昼夜,禾棉尽坏,民饥乏食。

明万历十六年(1588年)七月,大风拔木倒屋,田禾皆尽,大饥,民食糠秕树叶草根,自缢及投水死者至众。

清乾隆四十六年(1781年)六月十八日,飓风骤雨昼夜,七星桥北拔石坊,压塌民屋,咸潮入内河经半月水复淡,沿海官民廨舍多有漂没者。

崇明县近长江出口,地域宽广,容易受到龙卷风的侵犯。1680年

（清康熙十九年）农历六月九日，一股龙卷风从新开河经箔、高、排、定四沙入海，一路毁坏民居三十余家。二十六日又有龙卷风从石家湾至响沙，摧毁民房百余家。

我听青浦县朱家角的老人王先生讲，民国年间，青浦受大风、台风入侵的次数比较多，民国三十五、三十六、三十七年六七月间，屡遭狂风，三十六年6月8日夜风势之猛，为历年所少见。重固北市铁店倒塌，母死子伤，乡间车棚、草舍吹毁甚多。

镇上九十岁刘阿婆告诉我，记得民国元年（1912年）6月14日傍晚，县城附近王沙浜村，叠起狂风，河沿两株榆树被连根拔起，七户农舍吹坍。其风滚滚而来，犹如白虹，猛烈无比，实属罕见。民国四年7月27日晚11时，朱家角镇和青浦镇遭大风雨侵袭，旧瓦房被吹倒数间，草屋、车棚、船舫坍毁不计其数。树木被折随处可见，棉桃亦受损。

我从青浦旧籍找到两条有关青浦大风对农作物影响的记录："民国十四、十五年，正值水稻浪花之际，突遭大风，稻花飘零，穗不结实，岁歉收；棉桃经风雨摧残，大半腐烂。民国二十四年中秋后一天，风雨大作，温度骤降20多度，稻棉受害甚巨。"

老上海川沙县关于大风自然灾害的报道也不少："清雍正十年（1732年），农历七月十六日黎明，东北狂风大作，暴雨如注；午后飓风拔木扑屋，声似雷鸣；将近半夜海潮涌过内塘（捍海塘）又冲突而西20余里。平地水深三四尺。内塘东民死十之六七，六畜无留存，房屋都成瓦砾场。内塘出险处的西面，与塘东情形相似。经14天水才退，河道塞满浮尸棺木，流水黑臭，禾稼尽烂，饥民求乞他乡，所弃子女，死亡不能计数。这年是涝风潮遭遇的特大灾害年，受灾面涉及今市郊各县。"

如今的上海，几十年来都是风调雨顺的太平日子，随着上海市政工程修建的不断完善，上海地区秋夏台风季节街上涨大水的日子是越来越少啦！

上海艺苑真赏社旧闻

　　我爱逛书店淘旧书，最爱去的地方是上海福州路书店内二楼"九华堂"和三楼的"艺苑真赏社"，这里文化气息浓，好白相的东西多，坐在九华堂里品茶，与沪上印泥制作专家应明森兄闲聊，窗下是文化街福州路，人来人往，书店里是艺苑，可以淘古玩、品书画、观旧书、看碑帖，赏赏玩玩，别有清趣！

　　某日，与明森兄谈起上海艺苑真赏社，巧啦，创办艺苑真赏社秦家后裔之一的秦照华兄是我当年一起江西务农的"插兄"，上世纪七十年代，我曾看到他在乡下土屋里认真临写艺苑真赏社民国出版的《碑帖集联》等字帖。这本帖是艺苑真赏社为了传播中华文字艺术，方便大众欣赏、使用需要，分别以篆、隶、魏、楷、行、草书等不同之时各种碑帖，取其单字，遣意造句，巧成诗句文章，定名为《碑帖集联》《联拓大观》等精印出版，平价销售，深受民国年间的碑帖书法爱好者的欢迎。

　　1971年，我曾拜见过照兄的父亲古董收藏大家秦庭械医生，秦先生是秦清曾公秦滢的次子，上海肺科专家医师，精考古、摄影，对中国传统书画艺术、文物研究颇深，家藏历代陶瓷、名家书画、铜器一千余件，唐三彩立马、宋黑白釉花瓶、宋登封窑划花瓶等古陶瓷藏品甚多，秦庭械著有中国陶瓷方面的书籍多本。我曾在医院看到秦医生亲自为江西农村干部老章拍X光片检查，还曾听秦医生讲他们秦家无锡寄畅园（秦园）的旧事。据吾友秦照华兄讲，秦文锦（息园老人）是北宋著名词人秦观32

世孙,清代著名画家、篆刻家秦祖永的孙子,1903年在上海三马路上创办了艺苑真赏社,民国的老上海地图上汉口路277号就是上海艺苑真赏社旧址。艺苑真赏社以"经营不忘琴书乐,贸易犹存翰墨香"为座右铭,发扬"师古创新,服务大众"之精神来办社,把秦家珍藏的历代碑帖、书画印行出版。1938年,秦文锦病逝,其子秦淦、秦涛坚持经营出版发行。并在上海福州路和无锡新生路分别开了艺苑真赏分社。1955年公私合营时并入上海图书发行公司。"文革"后艺苑真赏社歇业,直到2007年4月在福州路424号正式复业。

吾友,艺苑真赏社秦家后人秦炜立先生说:上海艺苑真赏社一件最珍贵的藏品清何绍基藏剪裱的孤本"张黑女",原名:《南阳太守张玄墓志》,此碑石早已毁失,"张黑女"拓本字体结体稳健而带秀丽,古朴而雄浑,行笔柔中带刚,是北魏碑中精品。何绍基评之曰:"化篆分入楷,遂尔无种不妙,无妙不臻,然遒厚精古,未有可比肩者。"解放后,上海博物馆曾想以三万元人民币向秦家收购"张黑女",秦家当然拒绝。"文革"时秦家被抄家,秦家熬不过这一关,只能"坦白交代",红卫兵从挂在墙上的毛主席像镜框后面的衬纸里面找到了被拆分成一页一页的孤本"张黑女"碑帖。听说,粉碎"四人帮"后,此件国宝级的文物已经归还秦家了……

我与秦家几位后裔交谈中,获悉许多关于无锡秦家的史料和旧闻,无锡秦家是大名鼎鼎的文化世族,在明清两代家族中进士的有34人,中举人77人,无锡著名园林"寄畅园(秦园)",原来就是秦氏家族500年来的族产。惠山边上有条横街,原名"秦园街",明正德年间北宋著名词人秦观的后裔、弘治六年进士秦金,购惠山寺僧舍"沤寓房",改作别业,名"凤骨行窝"。园中多古木,景色绝佳。

有一次秦照华从香港回无锡旅游,走到惠山边上的寄畅园门口向里张望,看门的人气势汹汹地对他嚷道:偷看什么?走开,走开,到那边去买门票!照华说,这里是我老家祖屋,回来看看。看门人说:不要无理取闹,你家？这里是国家的园林,快去买票！照华兄这下傻懵了,咦！这不是烧香的赶出和尚啦?

上海人喜欢吃的本帮点心小笼包子,无锡传来申城,刚刚出笼的小笼包,皮薄、馅大、汁水多,轻轻地咬一口,卤汁流出满口鲜,嚼一嚼,甜中带鲜有风味,这是无锡人爱吃甜的名片。有人说无锡小笼包起源于民国年间,其实《无锡县志》里早有记载,清乾隆年间,乾隆皇帝第一次下江南时在秦家的寄畅园里品尝了小笼包,那一年是1751年。

咪咪噜(猫)

上海西泠印社旧闻

朋友去杭州回沪对我说,西泠印社坐落在西湖边的孤山上,湖光山色中遗存着许多古迹,石刻文字很多,他不明白为什么在上海的河南中路近福州路上也有一家西泠印社？店里挂着大印家吴昌硕题写的匾额,这两个西泠印社到底有什么关系呢？在上海西泠印社工作几十年的沪上印泥专家应明森兄说,据传,由近代篆刻家、文化企业家。潜泉印泥创始人吴隐先生创办的上海西泠印社比杭州西泠印社早一年成立,这是根据上海市档案馆文档记录,吴振平填写的上海西泠印社表格:西泠印社"创设于1903年,当时以出版事业为主……"1923年10月18日《申报》所刊杭沪两地"西泠印社20周年纪念活动广告","(上海)西泠印社廿年纪念减价一月,本社与杭州西泠印社同时成立,为社员吴君石泉个人创办……"这样说来沪杭两个西泠印社应该是1904年同时成立的？

光绪三十年(1904年)吴隐、丁仁、王褆、叶铭"西泠四君子"创设西泠印社于西湖孤山,而吴隐自设分社于上海。1913年,推吴昌硕先生为第一任西泠印社的社长。以"保存金石,研究印学,兼及书画"为宗旨。是海内外研究金石篆刻历史最悠久、成就最高、影响最广的学术团体。

应明森说,上海西泠印社最初以经营古今楹联汇刻、周秦古玺印谱、吴让之印存、缶庐印存等印谱出版物,吴隐夫人孙织云(锦)也是早期西泠社员,还能刻印,善拓印款。现在孤山仰贤亭所嵌的印人画像刻石中,还刻有她的题诗手迹。她善配制印泥之原料艾绒,去梗揉制巧妙有手法,吴隐把自己制作的印泥命名为"潜泉印泥"。这个潜泉来历是源于杭州孤山上发现的一泓泉水之名,1915 年吴昌硕为吴隐题"潜泉"二字,吴隐曾自制白文印"吴隐石潜丙辰五十更号潜泉"。

吾见上海西泠印社有一只老红木四尺半见方的大画桌,桌为晚清之物,是 1903 年吴隐在上海宁波路渭水坊的西泠印社时添置,当年海上书画篆刻名家吴昌硕、王福庵、方介堪、马公愚、邓散木、陈巨来等人常在此桌上品茗谈艺、刻印写字、作画吟咏。更绝妙处,桌面是一块独幅黄癭木,桌沿周边精雕方夔文饰,刀工简洁,线条润畅,桌脚粗约 10 公分见方,如此硕大老红木画桌,又沾有人文气息的文物,沪上罕见之物。吴石潜过世以后印谱业务交由其长子吴幼潜经营,印泥业务交次子吴振平经营。

民国篆刻名家王福庵、邓散木、马公愚等均在上海西泠印社润格挂牌或者润笔标价。

上海西泠印社最早的社址在老闸桥北归仁里,1934 年 10 月从宁波路渭水坊搬迁到广东路棋盘街东首 239 号新址营业,这就是我学刻印时常常去买印泥的地方,再后来上海西泠印社营业部又搬到河南路上 66 路车站旁边。我听陈巨来先生说:"从前上海西泠印社也蛮好白相的,春天里喝喝杭州龙井村运来的新茶,那泡茶水也是请人从虎跑带来的,几个朋友来此吹吹牛皮,写写弄弄,晚上到江西路上万福居菜馆一坐,点些生爆鳝丝、青鱼肚档、红烧蹄髈、百页包火腿肉皮汤吃吃,总有人会请客,那年头刻图章写字画画的人也活得很开心哪!记得饭店的马路斜对面有个胡采记骨董店,老板同他熟,有一次买到一块清乾隆年代的老田黄石,薄意雕工甚精巧,后来送给张鲁庵,迪个老兄拿到蛮开心,天天放在口袋里常常拿出来捏捏玩玩,谁知道布袋下面有个漏洞,真是活狲不盖宝,一块好好的田黄石结果拨伊掉失啦!"

从前,上海书画篆刻家、学画的、写字的、刻印的都喜欢到广东路口的西泠印社去买印泥，几十年来，上海西泠印社的镜面、朱砂、朱磦、美丽印泥品质上佳，能与"鲁庵印泥"媲美，这里的印泥选料以旧坑硃砂，其质，纯净亮丽，其色，鲜明莹澈，做印泥的朱砂都是从贵州一带的汞矿里采购来的，用手工研磨到极细存放玻璃瓶中备用。选艾草都是采用福建深山野生者，艾之绒长厚为佳。民国时，金石家吴石潜制的潜泉印泥，艳雅细腻，干燥得宜，冬不凝冻，夏少透油，日本人来买印泥，有的用饭盒一大盒一大盒买了带回东瀛。

吴昌硕

烟纸店　老虎灶

　　儿时，我曾寄住在巨鹿路现在的作家协会对面弄堂，老上海遗留下人家家里，西隔壁老虎灶，东隔壁烟纸店叫"新丰昌"，店老板是个戴瓜皮帽的老上海人，手里常常拿着水烟筒呼噜噜地抽烟，一根点火黄草纸卷拿在手里讲从前的事给我听，柜台上有个铁架子向上斜放着几排大的玻璃瓶，里面放着盐津枣、盐津条、奶油桃爿、弹子糖、棒头糖、花生牛轧糖、鱼皮花生、梅饼、话梅等零食，还有铅笔、橡皮等学习用品。店的后院有个葡萄架，黄梅雨天长出一串串青涩的葡萄。记得那时卖的香烟是白锡包、绿锡包、大前门、光荣、飞马、勇士、老刀牌等。火柴叫自来火，有一棵杨梅树图案的老牌子火柴，上海华光火柴厂的辘轮火柴。也有百雀灵、蛤蜊油、人丹、痧药水卖，柜台边有打酱油、老酒的陶瓮，一个漏斗、一个竹制长柄吊筒。旧时手纸叫草纸，色黄，一刀刀叠放着，当时用厕也有儿歌："手拿黄板，脚踏地板，面孔一板……"哈哈，后面的句子就不雅啦！柜台里放着牙刷、牙粉，这牙粉现在已经绝迹啦，民国年间有位著名文人天虚我生（陈栩）发明了"无敌牌牙粉"，主要原料碳酸镁、薄荷等，与日本牙粉竞争，后来牙粉质量超过日货。

　　店里总是迷漫着一股烟、酒、肥皂、酱油、香烛的混杂味儿，这是上海烟纸店里的标志气味，就像进南货店，你会闻到火腿、腌肉、咸鱼味一样。我父亲曾在烟纸店里帮我买过蜡笔、纸，我画了几幅乱七八糟的儿童画贴在床边的泥墙上独自欣赏。

后来老烟客告诉我，买香烟有讲究，烟纸店越大，市口好，生意就好，香烟周转快，新鲜，不会买到霉变的烟。有些偏僻角落里烟纸店里的香烟发霉，千万不能买。

我住的西隔壁那间老虎灶里面有只破八仙桌，天不亮就有人来吃茶抽烟闲聊，夏天来洗澡的人特别多，用的是木盆，烧水师傅整天忙忙碌碌，加水、加燃料、泡水、沏茶、捅灰。加煤孔上有个厚铁盖，用个铁皮漏斗、畚箕把砻糠、木屑等往孔里倒，有时也加些碎煤屑，为什么叫老虎灶呢？我发现师傅每次往炉膛加燃料时，炉膛里立刻发出一阵很有震撼力的轰隆轰隆的响声，就像是一只猛虎在笼里吼叫！老虎灶的前部出炉渣处就像一只张开的虎口，下面有水。那时候泡开水都是用长柄水勺、漏斗把水往热水瓶、汤婆子里灌，我住的那户人家男主人是饭店大师傅，常常自己烹煮熏肠肚子猪肝熟小菜，挎个竹篮叫卖，有时也会送点熟菜给老虎灶师傅过酒吃，所以我们喝水、洗澡都是享受到免费的"特供"，看来开后门从前就有，不是现在的创意。记得我住的那间老屋平房前有四根晾衣服毛竹的空地，夏天，我赤膊躺在竹榻上数着满天星星，做着我童年的梦……

沪上煤球炉忆旧

　　从前上海多数人家早上第一件事是生煤球炉,石库门弄堂里一早炊烟袅袅,星火点点,扇煤炉的破扇子噼里啪啦声与刷马桶的毛蚶壳们有节奏的群起舞动声形成老上海"晨曲"二重奏。真是有声有色。

　　上世纪五十年代我在老大沽路的同学家老屋里还看见有用柴爿煮饭烧菜的,那是一只很简单的红砖色炉子,放在泥地灶间里,铁锅蹲在上面,下面开口处可以放木柴点火,解放前留下的砖木结构的板屋里满屋是烟,屋顶漆黑,呛得人喘不过气来。

　　邻居老伯教我学生煤炉,要我先在炉膛里放些废纸,再放些细小柴片,他说木柴一定要架空,划火柴点燃纸,生煤炉最讨厌的是下雨天火柴受潮,当你划完一包火柴还没有点着时,大概是人生最倒霉的晦气事,那么,你这一天做什么事都不会顺利啦!当火引着木柴,成功一半,火烧得最旺时要赶快加些煤球,用蒲扇对着炉子下口使劲扇风,慢慢地那火柴把煤球引着,千万不要拨动,当你看着一炉旺火,满面烟灰的你会感到一丝成功的喜悦!

　　上海煤球是巨商刘鸿生首创,他的公司存有大量的煤屑,卖不出去,就仿日本人造煤球,他亲自到日本考察后,带回机器,开了中华煤球公司,靠煤球赚了许多钱。

　　记得当年煤球店供应一种圆柱形含有木屑的引火煤球,可以把炉子烧点得更快些。1960年老弄堂口出现一只多孔大煤球炉灶,便民服务,那里可以买到现成的旺火煤球,可以直接把空煤球炉拎过去,买十只烧得通红的煤球,作为火种,上海人家一天的美好生活就从这几只红火的煤球开始。

后来出现烧饭"新式武器"煤饼炉,可以带火过夜,省去天天生煤炉之麻烦事,煮饭菜时要注意把煤饼的孔疏通,否则火头不会发旺,当你看到孔上出现蓝色的火焰,说明炉子正处于最佳工作状态,加煤饼的活要有点水平才能完成。炉门晚上要密封,要用纸片塞紧,若有漏风,一夜烧完熄火,那就麻烦啦!从前我读书的龙门小学操场边上就是做煤饼的工场间,下课,学生们透过窗栅就看工人敲做煤饼,我曾看见有些人在家里用模具和煤屑自己做煤饼,笑着对我说经济实惠啊!在那物质生活不太宽裕的年代里,有些上海人三几十元工资要养活全家十口人,真不容易,那只有靠精打细算地过日子。

从前上海名画家谢之光帮朋友画好作品,来人要带走,来不及干,怎么办?就叫侄子把湿湿的画拿到门口煤球炉上烘干,立等可取,有时一天要烘好多张画,他的侄子对谢之光先生说,谢家的煤球炉成了国画烘干机。

沪上有位大画家,"文革"时,单位传话来,过几天要来他家抄家破"四旧"吓得他把祖上传下来的明清古画几十幅撕烂后放在自己家天井里的煤球炉里烧掉,老半天,弄得全幢楼里烟雾弥漫,邻居以为他家失火,他挡在门口说,没什么,没什么,是我在生炉子,这阴雨天柴爿太湿,就是烧不着,嘿嘿……

随风飘去的年味

一百年前老上海人过春节吃什么玩什么？这是许多朋友想了解的，笔者曾听老上海文化名人、国学大家陆澹安先生讲他过年旧事，写来以飨读者，旧时文人过年雅兴逸趣略见一斑。

陆澹安，生于光绪二十年，早年家住上海大东门外咸瓜街大王庙巷。宣统二年（1910 年），陆澹安 17 岁那年的大年初一，午后到城隍庙的豫园玩，园里人多得比肩接踵，几难举步，清代遗留的九曲桥是一座很古的木桥，桥边的小街小吃摊鳞次栉比，炸的、氽的、煮的五花八门美食样样有，什么葱油饼、小馄饨、羊肉面、小笼包、脆麻花、牛杂碎、鲜肉、豆沙大汤圆冒着热气，都是上海老味道，但是城隍庙一带春节赌摊特别多，一群群想大赚一票的赌客，围着赌摊，拼命叫喊中、中、中……旁边的流氓趁机闹事，好浑水摸鱼。旧时城隍庙大门口算命、看相的"小神仙"也多，农村来的乡下人都要请瞎子算算他们来年的收成和运气。祖籍苏州洞庭东山杨湾的陆澹安常常到福佑路如意楼上吃茶听评弹，苏州人讲的吴侬软语老上海人最喜欢听，过年在茶楼里品茶、剥瓜子、长生果等零食，饿了叫客小笼馒头、葱油拌面，吃吃喝喝听听，看看街景，可以消磨老半天时间。

晚清，上海人过春节玩麻雀牌成风，往往一夜玩到天亮，饿了，小街里有挑担叫卖糖粥、馄饨、汤圆可以填饥。那年头白天还有卖熏肠肚子、烧鸭、野味熟菜的，过年弄点绍兴黄酒，土灶头下炒点时鲜蔬菜，约几个朋友稀里糊噜小酌一番,醉饱始散,爆竹声里,不知东方之既白。

民国八年(1919 年)春节,陆澹安到金山张堰镇亲戚家做客,现在去金山高速转瞬就到,当年先要乘电车到沪杭车站搭火车到松江,转乘黄包车到洋桥,再改搭驶往金山张堰古镇的脚划船,陆澹安感言:"船小搭客甚多,拥挤不堪,坐处高仅尺许,各人抱膝而蹲,足维伸缩久则酸疼异常,转侧不宁,交通不便,其苦如此!"晚饭一桌过年菜肴烧得好吃,都是金山渔船捉来大黄鱼,乌贼、贝类等海产之美食。

民国十六年(1927 年),大年初一,陆澹安日记:(笔者翻成白话)"早上循尊老传统,祭天祀祖,午后到豫园散步,看见九曲桥等处修葺一新,只有大殿自火灾毁坏后正在重建,还没有竣工,玩了一会儿登上得意楼听弹词珍珠塔,演员是沈啸章,嘉兴人,苏州话唱得不自然,非常刺耳。五点步行回家。晚饭后和家人玩搬子游戏。"

陆澹安说旧时过年,好吃的有三鲜暖锅,里面放熏鱼、肉皮、蛋饺、粉丝、咸肉、鱼圆、肉圆、黄芽菜,说是三鲜,其实是什锦,一家人围着吃得热气腾腾,当然还有炝虾、海蜇头、醉蟹、白斩鸡、白肚等冷盆,红烧甲鱼、生煎大明虾、葱爆蛤蜊、虾籽大乌参、肉塞油豆腐等。还有烧好一大砂锅的水笋烧肉是家家户户过年必备,过年在家里吃百叶包肉没有问题,假如老板请你吃百叶包,是要你卷铺盖走人!

澹安公说,三十年代过年,上广式茶室喫早茶午茶吃点心是西装笔挺、头势清爽的上海青年人赶的时髦,开始有小壶天供应广东叉烧包、虾饺、烧卖,后来的安乐园、西湖楼、新雅、如园、虹庐等大小广式茶室时兴早茶三分到五分钱,各类点心一、二分钱一件,三、四角小洋吃得你肚子大饱走不动路!至于老上海遍布晚清遗留下来的老式茶楼则是上了年纪的人喜欢去的地方,木头楼梯很陈旧,长板凳硬邦邦,大方桌油腻腻,小吃有:生煎馒头赤豆糕,奶油话梅粽子糖,檀香橄榄鸭胗干,咸萝卜条盐津枣。

现在年轻人喜欢玩"微信",老上海文人喜欢射"诗谜"(谜语一种)。它是诗中的谜,谜里的诗,如白居易的"乌鸢争食雀争窠,独立池边风雪多。尽日踏冰翘一足,不鸣不动意如何?"谜底是"鹤"。陆澹安先生学问渊博,他是沪上谜学团体"萍社五虎将"之一,过年常到"群学会"射"文虎",后来到上海"大世界"射"诗谜",百发百中,捧得笔、墨、明信片等奖品归。

　　过去的岁月,随风飘去,留下的是,过年的回忆和老上海人曾经的欢乐……

陆澹安

申城过年忆旧

上世纪五十年代某年春节，我在舅舅家过年，那年头上海小囡穿着新衣裳、吃糖果、剥瓜子、放炮仗、玩扯铃、拎只水果网篮做人客，勿要太开心噢！舅舅家住在离老城隍庙不远处的方浜中路一条石库门老弄堂里，依稀记得，弄堂口有个老虎灶、小人书摊，还有口长满青苔的老井，听外婆讲，方浜路原来是条弯弯曲曲的小河通往城外黄浦江，后来填河筑路，这一带沪人蜗居的老屋板房低矮陈旧，是真正的"七十二家房客"！连电线木杆、路灯、石板路、弹格路都是老上海遗留的。

岁近腊底，年味渐浓，街边有人在磨糯米粉，柴爿炉上炒瓜子、花生，杀鸡宰鸭洗鱼，举目望去，屋檐下挂着风鸡、腊鸭、鳗鲞、羊腿、咸肉、香肠。街边补碗、箍桶、切水笋、磨剪刀、收旧货、卖锡箔、换糖人往来不绝，汇成一页老街过年前奏曲。突然，身边"砰"的一声巨响，一股热浪引得我深深地吸进几口喷香之气，馋哪，那是小孩子最喜欢的年糕片、爆米花呀！

小年夜，弄堂里弥漫着各种美味佳肴混杂的香味，狭窄的公用灶头间里拥挤不堪，家家挑灯夜战进入年夜饭准备的最后冲刺，有蒸米糕、氽爆鱼、包春卷、做蛋饺、烧蹄髈、煮火腿、搓肉圆、制八宝饭，还有杀甲鱼的，最好玩的是隔壁王家伯伯煨焖一只双眼皮黑毛大猪头，说是做最好吃的老上海猪头冻，引得邻居一阵哄笑……我最喜欢吃外婆做的过年红烧肉，皮色润红，甜酥鲜香，肥肉透明入口融化，肉汁浇饭，吃得打耳光也不肯放的!

除夕中午,八仙桌上放着几排酒盅,点上香烛,烧好的酒菜先要祭祖,沪人崇敬先人的一种古老传统。年夜饭,冷盆热炒放满一桌,还有一只紫铜暖锅炭火通红,那些熏鱼、蛋饺、鱼丸、鸡块、肉皮、细粉、黄芽菜随着滚滚汤水微微颤动腾着细浪,引得一桌人胃口大佳,吃啊!筷子像雨点,秋风扫落叶,一番饕餮大餐后,夜深了,窗外爆竹声声,家人围着炭炉取暖,聆听着远近不断的鞭炮声,谈笑守夜,舅舅到静安寺烧头香去了……那年头没有电脑、空调、电视机、手机、冰箱、热水器,只有脚炉、手炉、汤婆子、棉袄、棉帽、热水瓶,生活简单,同样快乐。

大年初一,吃完汤圆,几个小孩拿着压岁钱来到老城隍庙九曲桥边玩,哈哈哈!这里万人狂欢,穿的都是新衣服,个个喜气洋洋,玩的有:西洋镜、耍猴、山东人舞拳头、捏面人、套石膏娃娃、游戏棒、万花筒、剪纸等。吃的有五香豆、盐炒豆、梨膏糖、棒头糖、棉花糖、糖葫芦、小馄饨、肉汤圆、赤豆糕、糖年糕、油豆腐加线粉汤、面筋百叶粢饭糕、大饼油条脆麻花,老虎脚爪酒酿饼。还有小笼包子阳春面。

一个大孩子的亲戚是看豫园门的,偷偷放我们几个小囡进去玩,爬上大假山,我们戴着野狐脸,舞着木刀木宝剑,嬉笑追逐,尽兴玩耍……儿时过年欢乐情景仿佛就在眼前!

儿时暑假忆旧

如今夏天越来越热，行人受不了，遁入地铁里，享受当代速度与温度。傍晚，静坐在空调下看书，突然想起我读的小学语文几句："夏天过去了，夏天过去了，可是我还十分想念。那些个可爱的早晨和黄昏……清晨起来打开窗户一望，田野一片绿，天空一片蓝。多谢夜里一场大雨，把世界洗得那么新鲜……"它把我的思绪带到了儿时申城的夏日。上世纪六十年代父亲要我每天下午到人民公园门口的书报亭排队等候买《新民晚报》看"杨家将"连载，董天野先生的插图深深地吸引了我。

暑假里几个顽童从人民广场边上的铁丝网下钻到人民公园玩，在小河边钓鱼、嬉水，很开心，累了，到水榭里免费阅览小人书，清风带来丝丝荷香，可以一醉。

洒水车那悠扬悦耳的"拉多来米"声，小囝把穿着木拖板鞋的脚伸过去，一股凉水从脚面上轻轻滑过，这是城市小孩免费的足浴。渴了，就到卖赤豆棒冰的地方等候三分钱一根断棒，能够买根棒冰吃的算是有钱学生。

记得邻居家里有一只吊扇，黑色叶片，不紧不慢地转出阵阵凉风，好奇怪啊，原来刘家是小老板，底子厚。那年头有电话机的更是"超级大户"。我有个亲戚，医生，住在前楼，家有挂壁电话机，二楼有个唱包公的京剧演员李如春家常常奔上楼来借打长途电话，我呢，喜欢拣他扔掉的红、蓝牡丹牌香烟壳子玩。过去上海人家红木桌上常备一个玻璃壶，几个玻璃杯,客来倒冷开水喝,条件差的人家备一只敞口陶钵装上凉开水,上盖纱布一块,一只竹勺,客来,舀水到碗里。

重庆路上的"杜六房"夏日烧酱汁肉,这是旧上海遗留下来的老灶头老味道,厨房里整天热气腾腾,肉香飘到街边,馋哪!暑假里到同学家里开小组做作业是件开心事,一位同学家长是在沪光电影院对面点心店里工作的,他请大家去吃馄饨面,这是一次喜出望外的美食。弄堂晚饭旧景,一只矮桌,几只小凳,记得从前上海人晚上也要吃点粥的,一小碗饭,再盛一小碗粥,我想是沪人的习惯吧?从前家常小菜就像网友玫瑰公主家常吃的高邮咸鸭蛋、毛豆炒咸菜、萝卜干炒毛豆、青椒豆干肉丝、冬瓜火腿汤、番茄炒鸡蛋、清蒸小黄鱼、干煎鲜、咸带鱼。或从烟纸店里拷点黄酒在弄堂里吃吃聊聊。饭后从井里拉起一只平湖枕头西瓜,剖瓜的一瞬间,一股清香扑面袭来,爽!黄瓤中镶嵌的瓜子闪烁就像粒粒黑宝石晶晶亮……几个人坐在昏暗的路灯下享受着穿堂风,听老人讲鬼故事,挥着蒲扇助凉,这破扇子早上生煤球炉,精明的上海人喜欢一物两用,一鸭三吃。石库门老弄堂里传来老式无线电里说书声、还有柴爿馄饨摊声、蝈蝈声、蟋蟀声、木拖板声、蒲扇声、打呼噜声……上海普通人家旧时惬意的夏日休闲生活,在我记忆中永存。

祖父白相老上海

从前，听我祖父说，民国时，他从老家昆山来上海，城隍庙是必定要去轧轧闹猛的。那时东门、南门内外和城隍庙周围、虹桥头、红栏杆桥、松雪街及从十六铺到南码头沿江地区街巷纵横，店铺林立，城隍庙周围人来客去小街市面很旺，有骨牌、象牙、照相、画像、旧书、古玩店、花鸟虫鱼店等卖小孩玩具的店摊。小东门大街一带集中了银楼、绸缎、皮货、参茸、药材、木器、海味、南货、腌腊等铺子，那个供奉着城隍老爷的大殿却是破破烂烂的，地上铺的青砖也已残损不堪，坑坑洼洼的，油腻腻的，香火很旺，墙上烟尘黑黑的，江浙两地农村来的香客最多人头攒动，烟火熏得来老眼流泪，庙门口上面有一块"保障海隅"四个大字的大块匾额，是明朝上海知县冯彬手书，城隍的名字叫秦裕伯，是保护上海地方与海疆的神，这城隍老爷秦裕伯有来头的，相传他是元代的官，是他领导沪人抗倭寇，又帮助明朝赶走元人有功，后被明朝廷封为上海城隍。其他殿里还供奉着玉皇大帝、文昌帝君、财神、关帝老爷、月下老人等神仙。祖父说，他们一行人烧完香拜完城隍老爷，就到庙门前两边房廊以及前后广场里杂七杂八的卖小商品的、卖小吃的摊子里逛逛，哎呀！那里好吃的食品如糟田螺、小汤包、大馄饨、汤圆、鸡鸭血汤、脆麻花、肉丝汤面、桂花糖粥、赤豆汤、葱油饼、梨膏糖等大概有几千种小吃？看得人来眼花肚子饱，九曲桥边还有山东人在卖拳头耍刀枪，卖狗皮膏药，一家店门口放只铁笼子里面有只小灰狼，闪着恶眼，挺吓人的，气味臊臭，但还是围着许多看热闹的,在古玩店里看到一幅吴昌硕的花鸟破旧中堂,一问,要价六块银元,就买了回去重新装裱后挂在昆山玉山镇上他开的"杨家旧书店"里,被一位乡绅请去,赚了四元,叫了一桌酒菜一家人大吃一顿。

城隍庙后面有个豫园,很大,据说占地七十余亩,有厅、堂、斋、轩、榭,亭台楼阁不下三十余处,叫玉华、容与、会景诸堂,醉月、徵阳、颐晚等楼,留影、涵碧、凫佚、挹秀数亭,五可斋、鱼乐轩、缀水轩、五茵阁、纯阳阁、山神祠、关侯祠、大士庵、雪窝、留春窝,以及山石冈岭、洞壑、溪流、曲梁,玩累了就在九曲桥边的老茶馆里叫了一壶香片茶,喊些豆腐干之类的小零食,坐在窗前看着红男绿女走过,有个提着鸟笼的中年男子戴着瓜皮小帽边走边唱,拿着酒壶摇摇晃晃,大概是喝得烂醉,结果那鸟笼摔在地上,笼破鸟飞,那人急得大声乱骂,城隍庙真是乱七八糟的什么都有。

最好看的是园里那块"玉玲珑"太湖石,可能要比我们昆山的玲珑石还要气派大,听说它是豫园镇园之宝,宋代花石纲遗物,其外形犹如一支万年灵芝草,姿态婀娜,玲珑剔透,具备"漏、皱、瘦、透"之美,乃石中上品,为江南三大名石之一。石峰周身多孔,百窍相通,"以一炉香置石底,孔孔烟出;以一盂水灌石顶,孔孔泉流"。

从前,老上海人问乡下来人,你白相过大世界吗?回答:没有去过,那么,你就是"寿头阿曲死"白来上海了,由此可见老上海大世界对上海人的重要性,"大世界游乐场"1917年7月14日开张,正逢法国国庆日,大世界为何选在此日开张?原来老板黄楚九为了报答法国领事甘司东给他找到一块极低价钱的地皮,可见那年头也有开后门的!大世界开幕那天轰动上海,各界头面人物和来宾约有两万人,大世界里里外外是水泄不通,白相大世界就是要看门口几块哈哈镜,等于你游黄山一定要上天都峰一样!那时的大世界是"中国第一俱乐部",里面是吃喝玩乐、稀奇八怪的玩意儿应有尽有。地方戏演出特多,1931年大世界被黄金荣盘进,加衔"荣记"两字,演出的内容更加一塌糊涂了。流氓阿飞、小偷窃贼、妓女乞丐,三教九流混迹其中,弄得一片乌烟瘴气的局面。

民国年间,我祖父来上海常常喜欢去大世界看京戏。他说当时还有个号称"上海最早的游艺场"新世界也蛮好玩的,1915 年开张的新世界坐落在上海南京西路西藏路口,底楼是新戏班、动物园,还有跑驴场,从前的上海红旗新闻电影院从门口到演映场那条长达百米的通道就是当年新世界跑驴场遗址一段。二楼设影戏场,三楼是评弹书场,屋顶平台有杂技、丝竹等演出。新世界门票便宜,仅小洋 2 角,新世界月票大洋 5 元,女客 3 元。小市民最喜欢去玩玩。大世界、新世界都是从中午 12 点开到午夜 12 点。大世界的有奖门票 12 万开一组,头奖是 5 克拉钻石圈一副,价值是 2 000 元!

旧时,老城隍庙前福佑路上还有个小世界游乐场。建筑由黄金荣的媳妇李志清造,是西式 4 层洋楼,屋顶有塔形楼台和巴洛克式凉亭,是当时南市最高的建筑。因与大世界风格相似,名"小世界"。小世界底层设大剧场,以演出京剧为主,人称"大京班",二楼以上为小剧场和游艺厅,表演滑稽戏、越剧、沪剧、淮剧、宁波滩簧、昆曲以及曲艺、魔术等,放映露天电影、评弹说书,有时展出奇禽怪兽以招徕游人。听老吃客说小世界的酒菜小吃食品味道好极了! 小世界在《申报》上做广告号称"华界最大游乐场"。著名科学家爱因斯坦偕夫人艾丽莎也曾在小世界里看苏州全福戏班演出的昆曲。

四明村老弄堂

探访石库门

民国十七年（1928 年），上海建筑业发生几件大事：早期大光明电影院英国式建筑竣工、逸园跑狗场（今文化广场）建成、苏州河边竖起六层钢筋混凝土楼房——阜丰面粉厂厂房（今莫干山路 120 号），同年，四明银行在福熙路与巨籁达路之间（今延安中路 913 弄）增建一批新式石库门住宅。上海石库门建筑历史较久，据史料记载：清咸丰十三年（1853年），今广东路、福州路一带开始成排搭建木结构住房，这是里弄住宅的雏形，同治七年（1868 年）前后，由于木屋易燃，渐改筑砖木立帖式结构并发展成住宅正门用花岗石门框，木制黑漆大门，即老式石库门房屋，一般为三开间二厢房，后期为双开间一厢房和单开间。楼层早期为二层，后期为三层。底楼设客堂、厨房，二楼为居室，有晒台无卫生设备，弄口有过街楼，是看弄人住所，居高临下，弄堂动静尽在眼底。四明村是新式石库门住宅向新里住宅过渡的典型建筑。"四明"一词源自浙东四明山，据传，四明银行发起人，宁波人袁鎏、陈薰、周晋镳、虞洽卿等人认为家乡四明山山势深远，泉源流长，象征财源广袤，便以"四明"冠银行名，宣统三年（1911 年）4 月，四明银行改组，慈溪人孙衡甫担任总经理，他发现投资房地产不失为稳健的保值、增值手段。之后，四明银行用资金投资建造营业用房以外还兴建了大批里弄房屋，就上海一地而言，最多时曾达

1 200幢左右,四明村、四明别墅、四明里,便都是当时四明银行投资的"四明"品牌不动产。

漫步四明村

倘若你有兴趣,可在秋风习习的傍晚,漫步四明村,徜徉其中寻味上海老弄堂之感觉,或许有位老人会告诉你:传说这弄堂是四明银行老板的三个儿子,建造了三种不同标准的房子,同一条弄堂住宅,南段为高标准,北段为中标准,中段为低标准。听说,更奇怪的是曾住四明村923号的诗人徐志摩先生在1931年11月16日离开此弄后的第三天,11月19日早晨于南京搭乘济南号邮机在离济南五十里党家村附近撞山失事。机组二人与唯一的乘客徐志摩共三人皆36岁。一切都是巧合?据史料记载:这里的石库门房屋是四明银行于1912年与1928年两次投资建造,民国二十年(1931年)又增建一次,使四明村共有混合结构、砖木结构的楼房118幢,总建筑面积29 150平方米。据1939年生于此地的胡惟华老人讲:自她祖父起,用金条顶下69号一幢楼,她姑父是民国政府盐务局的官员,抗战后去了重庆,把底楼出租了,最早的四明村弄堂前后都是荒地和坟墩,一到晚上人迹稀少,是老上海"剥猪猡"的发祥地之一,后来南北增建了许多房子,成为租界里的上只角,弄口有"红头阿三"把守。从前,她家有个亲戚来沪,在码头上不认识路,对黄包车夫说:"到四明村!"车夫拉了就走,可见四明村在老上海的名气之大。四明村前期为二层楼房,后期靠近巨鹿路一带为三层楼房,装有盥洗设备。四明村主弄宽七米,支弄宽四米,建筑分两边行列布置。底层客堂装有木制落地长窗,外墙为机制红砖,清水勾缝,其形式属新式里弄联排式住宅,建有简化的石库门和较高的院墙,山墙以马头墙收顶,别饶乡土情趣,房屋的客堂前有天井,后部为厨房,前楼是卧室,后是亭子间,其上为晒台,石库门用石子装饰,前、后门楣、山墙等显眼处,中式元素中略带西洋风格的装饰图案、线条,美轮美奂,突出了民国时期海派民居的时代审美气息。南段几幢住宅,楼顶晒台上设计有几根圆形黑栏杆,简练、空灵、透气,打破了石库门老晒台给人视觉上的沉闷感觉,颇具巧思,实木黑漆大门上点缀的一对敲门铜环,又把石库门的风貌特征表现得一目了然,是设计师黄元吉 1928 年的杰作。

寻踪名人迹

20 多年前笔者与澳门著名美术评论家陈浩星先生拜访四明村老房客沪上名印家高式熊先生,在欣赏完了他收藏的名贵古董相机后,我问高老:"在此住了多少年?"他说:"九岁时随父亲高振霄来此居住,从前,四明村最早的住户多为四明银行的高级职员、宁波帮中的洋行买办、医生等。"居民沈凤英老人告诉我:"四明村这条弄堂曾有十四位文化名人住过,可惜的是那幢印度大诗人泰戈尔、诗人徐志摩、画家陆小曼住过的沿街老屋已经拆除。"当年,徐志摩夫妇以四明村 923 号这幢三层楼房作为"爱巢",每月租金银洋 100 元左右,923 号楼下的边厢房为陆小曼父亲的卧室,二楼亭子间是陆老太太房间,二楼厢房前间是徐志摩夫妇卧室,后小间作小曼吸烟室,二楼客堂是会客室,亦备烟榻供客人使用,三楼是徐志摩书斋,布置奢华,高档地毯,精致椅垫,墙上钉着彩蝶标本。1929 年 3 月 29 日泰戈尔赴加拿大途经上海,之前,已写信给徐志摩说要到他家来小住,再说陆小曼则是一个奢侈虚浮、颓废浪荡的聪颖女画家,又沉湎于吸食鸦片,这给她与徐志摩的"爱巢"带来阴影,但泰翁来到四明村给徐、陆的生活带来了最难忘又快乐的三天。泰翁当年就住在徐家那间有特大写字桌,堆满书籍、杂志的房间里。

抗日战争时期,鲁迅三弟周建人曾住四明村 38 号,周的三个女儿住亭子间，鲁迅之子周海婴则与叔、婶同住三楼，海婴与周建人的两个女儿同读光夏小学，为了海婴的安全，周建人为他起了个假名叫周渊。曾听沪上绍兴籍美食家沈嘉禄先生说："抗战时期，周建人夫人在四明村里自制家乡绍兴霉豆，味道很鲜，曾给周海婴留下美好回忆，秘制方法透露如下：豆子蒸熟晾在竹匾上，三五日后，豆生白霉毛，毛落豆湿后，入甏加姜末、花椒、等量的白豆腐干小粒，冲入凉淡盐水，密封几日后取出浇上小磨麻油，便是当年周家每餐必备之下饭菜，帮助周家度过艰难岁月。"某日，笔者见到曾住四明村的西泠印社创始人之一、名印家王福庵于1946年在四明村刻的满白文印章，印文："德清徐氏考藏金石书画之记"。边款："丙戌二月福厂作于沪上四明村舍"。四明村南端118号那幢独立式住宅，村里人都称它为"周公馆"，那是曾对辛亥革命有过贡献的光复会骨干、京剧名角周信芳的堂叔、四明银行董事之一周仰山的私人别墅。

今日四明村已经粉刷、修葺一新，旧貌变新颜，处处闻和谐，但老上海积淀的岁月沧桑之皱纹，已经深深地铭刻在这条老弄堂那退色红砖、黑漆大门、硬石门框、斑驳阳台之中，一扇扇旧木窗，宛如一页页书页，记载着近百年历史的四明村老上海人家过去艰难日子里的悲欢往事，在这里文化名人留下的足迹和身影早已融入这条老弄堂的一砖一瓦、一木一石，抹之不去昔日珍贵的记忆，永远留在四明村人心中！

曾住四明村的文化名人

朱积诚（1890—1982）书画篆刻家

徐志摩（1896—1931）诗人

来楚生（1902—1975）书画篆刻家

陆小曼（1903—1965）画家

泰戈尔（1861—1941）印度诗人、文学家

章太炎（1869—1936）文学家

高振霄（1876—1956）书法篆刻家

吴待秋（1878—1949）书画篆刻家

王福庵（1879—1960）书法篆刻家

周建人（1888—1984）文学家

胡　蝶（1908—1989）电影演员

严　俊（1917—1980）电影演员

吴青霞（1910—2008）书画家

高式熊（1921—　）书法篆刻家

米兔

新城隍庙忆旧

古代称有水的城堑为"池"，无水的城堑为"隍"。"城隍"一词是道教所传守护城池的神，唐代以来各地皆祭城隍。

曩时上海有两个城隍庙，如今老庙尚在，但连云路上的新城隍庙已了无痕迹。据说在今永嘉路12号处原有个上海地区最早的宋代城隍庙（淡井庙）旧址，因行祠内有口味淡而略甘的水井得名。明代永乐年间知县张守约把坐落在县中心方浜北岸祀奉汉代大将军霍光的金山庙改建后祀奉上海城隍秦裕伯。明清时的上海在每年的清明节、七月半、十月朔，沪人抬着城隍偶像出巡，俗称"三巡会"，是旧时上海的风俗文化活动。1924年农历七月十五上海城隍庙在举行巡会时不慎碰翻烛台失火烧毁，邑人在城外法租界的吕宋路（即今连云路北延中绿地附近）建造了上海临时城隍庙，一时香火旺盛，后被称作新城隍庙。

上世纪五十至六十年代笔者住在新城隍庙附近，庙前狭弄内的民间玩具小铺是我们小学生经常光顾之地，在这里能看到上海"白相官"（玩具）的制作过程，一些上了银色、红色漆的木制龙刀、宝剑靠在墙边，五彩游戏棒正在染色，橡皮筋是用自行车内胎由铡刀一根一根切成。还有纸做的野狐狸（假面具）、竹制地嗡、扯铃、鸡毛毽子、万花筒、纸吹球等等。如今五六十岁的老上海可能还记得这些有着浓厚乡土气息的上海本地民间玩具，曾给那个年代的儿童带来欢乐和激动。记得连云路边几条狭弄通往西面的尽头是新城隍庙的大殿建筑，殿前有一个古旧大香炉，只见青烟袅袅,烛光闪闪,听大人讲后殿有凶神恶煞像,很吓人的,当时我们小孩都不敢入内,有一天我壮着胆倚在大殿门口好奇地向里窥探,看到烟雾缭绕中塑着几尊仪态威严色彩灰暗的神像,一个老太太伏在地上磕头口中喃喃有声。

连云路北口的洪长兴羊肉馆是京剧名角马连良的二伯马春桥创建于光绪十七年,驰名申城。斜对面,南方伤科名医石筱山诊所求医者熙熙攘攘。著名武术大师王子平老人寓居黄陂路口,常能见到他在此悠然散步。

从前连云路一带原为新城隍庙放生和供花的花鸟鱼摊麇集成市,游人徜徉其间任意玩赏,怡然可得半日闲,路边树阴下青苔湛绿的木盆中锦鳞戏水殷红可喜,花肆木架上春兰秋菊、夏荷冬卉芳菲不断,莺莺燕燕舒人眼目,金陵西路街角的盆景小院更是野趣宜人,老梅残桩虬屈偃蹇,看朽木半劈令人神骨俱清,观水石盆景宛若古泽巨浸,对之大有逸致,寂静中时闻鸟鸣一声,恍如置身山中。玩累了的小孩可花一分钱憩坐在街边小人书摊那乌亮的旧矮凳上翻看老式连环画小书,或眯只眼一睹西洋镜中的奇奇怪怪不亦乐乎,路边不时飘来油炸臭豆腐干的鲜香。新城隍庙已经消失的街景,留给人们的只是淡淡的回忆。

真如访古

儿时,我恍恍惚惚知道有一个叫做"真如"的地方,在我的印象中总觉得那是在老远老远的一个鲜为人知的角落里。早在上世纪五十年代,每逢周末,我父亲常喜欢去老家昆山走走,这里又要说到精明会算的上海人了,从市区用月票乘坐公共汽车到真如再从真如火车站上车的票价是六角,这样比从北站乘火车到昆山来回的两元可以节省八角……某年春天的早晨我随家父去昆山吃奥灶面,顺便带我去真如古镇踏踏青,沿着一条泥泞的桃浦河边的小路,自南向北步入古镇,河边几株老柳,绿枝低垂,河水缓缓地流着,清清的水面上泛着几片绯红粉色的花瓣被数条不知名儿的小鱼用尖嘴追逐着,河边有几楹长着瓦草的青砖矮屋,一小片金黄色油菜畦边蜜蜂嗡嗡声伴随着篱笆里传来鸡鸣犬吠声,空气中青草与花香扑鼻而来,一个头上包着蓝印花土布的农妇探头向我们张望,稍远处,是一片高高低低屋顶上长着瓦草的旧砖木屋,黑不溜秋的好像有几百年了?一个废弃的青麻石井栏边有几间房子已经坍塌了,一地破砖烂瓦长满青苔杂草,几只羊在啃草……与我老家昆山玉山镇差不多,儿时,这是我对真如的第一感觉。说来我与真如真有缘份,上世纪八十年代我移居真如,那年头春天里,此地老街尚存,旧屋老宅成片,景色可以入画,石桥、古寺、老树、河滩、木船、石板路,往日桃溪古镇边,桃花依旧笑春风,镇上寺前沿桃浦河边有许多小店铺,什么剃头店、打铁铺、老虎灶、小茶馆、中药房、种子摊、小诊所、老饭馆,还有那引人馋嘴满街飘香的阿桂羊肉百年老店……

真如古镇位于申城桃浦河边,此地古称桃溪,因有宋代吴淞江两侧三十六纵浦之一的桃浦河南北贯穿古镇,沿浦多桃树,故名。镇名得于元代真如寺,元延祐七年(1320年),僧妙心将真如寺从官场(今大场)移迁至今址,真如寺是本市最古老、江南地区仅有的元代木建筑,至今已有近七百年历史。试想,一座木建筑老屋能七百年不毁于香火、战火,当属不易,其实江南的名寺古刹,近的龙华、静安,远的灵隐、天童等,虽有的早在三国、晋唐时初建,但屡毁屡建,现存建筑大多是晚清光绪、宣统年间重建,真如寺的文物考古价值的重要性也在于此。

"真如"本佛家语。意为事实之本相。明清以来真如寺除有韦驮、伽蓝等殿,周围还陆续建有东岳行宫、文昌阁等,那时真如地区有佛道两教寺庙堂观四十余所,故有"庙包镇"之说。现存的真如寺正殿,主体建筑结构仍保留初建时原貌,大部分木构件为元代之物,如今,你还能看到当年移建时留在正殿额枋底部的楷书墨迹:"时大元岁次庚申延祐七年癸未季夏月己巳二十乙日巽时鼎建"。虽然七百年过去了,元代墨色依旧清晰可见。僧人讲寺院里原有尊明代永乐二年铸、高一米许的铜质大弥勒佛,据说旧时香客身体欠佳,只要在铜佛身上摸一摸就会感觉舒服,天长日久,此铜佛被摸得包浆锃亮宝光熠。可惜,"文革"时被击碎后送冶炼厂。

在清代上海诗人朱瀚笔下当时的真如宛若桃花源里,景色相当迷人。《桃浦渔歌》诗云:"渡口桃花锦绣纹,买鱼沽酒趁斜曛,狂歌一曲无人听,唯看青山与白云。"令人不解的是,清代的真如,白云是有的,可哪儿能看到青山呢?或许是诗人醉眼蒙胧中抒发的艺术意境?

据《真如镇志》记载,真如地区清代曾有老虎出没。"康熙四年秋,真如有虎,捕之不获","乾隆廿六年十月初九,有虎至北杨宅伤人,知县李某率兵捕而未获。"

《花经》作者、著名园艺家黄岳渊的黄家花园，早在宣统元年就建于真如的李子园一带。

上世纪八十年代初，笔者卜居真如，春月雨夜高卧斗室北窗下，风声、雨声、摇橹声、蛙鸣声不绝于耳，大得陆放翁"小楼一夜听春雨，深巷明朝卖杏花"诗句之真趣。著名书画家钱君匋先生听说我住真如，他高兴地对我说，早年他曾去过真如古镇，还在那里吃过阿桂羊肉，鲜得不得了啊！那里的明清古屋、老柳、旧街、沿河商铺、河中船，还有真如寺前那棵元代银杏老树都是可以入画的呀！如今真如已不复往昔了。

万福

沪上江阴路忆旧

江阴路，旧时叫"孟德兰路"，长约三百余米。吾听上海外贸大学教授邬孝煜说："他祖父清末从宁波来沪，曾在跑马厅做马夫发迹，后在江阴路买地造屋，此地曾是条小河浜，填浜后曾筑成柏油路，后来柏油路面被挖去铺筑大路，江阴路铺成弹格石路，东头有个'芦花塘'，听说这是《三国演义》小说中'三气周瑜'的地方，那是无稽之谈的传闻了。"附近曾有跑马厅的马房，恒丰老当铺、松鹤轩裱画店、煤球店、烟纸店，米店南货酱油店、大饼油条豆浆摊，花园洋房颐庐屋、新式里弄顺天村、老式弄堂同裕里。有人说从前演艺界名人胡蝶、吴君玉、朱莎等住在顺天村里（待考证）。现在是居委会的那座老房子围墙高耸，旧主人解放前出门还有白俄保镖跟随。我喜欢欣赏江阴路九福里石库门楣上的石刻文字佳句读来有诗意，老弄堂痕迹告诉你居住在这里人家的老上海文化底蕴，曾经富裕、惬意的生活。江阴路中部还有一座护国禅寺，后来改建成为小学。

我曾住在江阴路西首有四幢造型相同传说是李鸿章家产的红砖古堡式的老洋房里十余年，这里的楼梯宽大，雕饰典雅，老上海遗留下的西洋红朱漆欧式风情的木制百叶窗显得很温馨，房间保持冬暖夏凉，造南北高架时拆了两幢，曾听说，李鸿章造了这四座洋房给家人住（待考证），上世纪七十年代，177 号住了 72 家房客式的上海普通人家，这样的老洋房外表气派蛮大，但是老屋毕竟陈旧，夏天，暴雨如注，屋漏厉害，半夜三更,鼠患不断,人多杂乱,浴缸里头洗尿盆,楼梯旁边废物囤,阳台乘凉躺满人,上厕常常排队等。记得每次轮到我家收水费,我要挨家挨户忙碌一晚上。

最早的江阴路是个买卖旧货的市场,上世纪八十年代"江阴路花鸟市场"名气很大,星期天路上人山人海,宛然一幅都市"清明上河图",各式摊贩鳞次栉比,花花草草,珍禽异卉,眼里玩物样样好,脚底行路步步难。春三、四月,浙江山农挖来山野春兰花,一条江阴路兰香丝丝袭人,花一角钱可以买上一大把。1979年我工作的牯岭仪修配工场门口就是印石摊,石头便宜,上品封门青、高档昌化血、巴林福黄冻、寿山小田黄样样有卖,有个绰号叫"海龙王"的人,终日醉醺醺,这位帅哥每天拉些朱行玉石雕刻厂倒在河里的废印石料来出售,其中也混有绝品佳石,我买了不少雕印钮。某日黄昏,我与印家陆康先生在黄陂路口看到一个青田石农急着兜售五十多方巴林五彩冻大尺寸印石,叫价4角一方,全部拿走3角一方,陆康说,谁有钱赶快买格算的,难得机会。数十年前陆康一句话,现在应验,如今一方巴林彩色冻印石,没有两千元大概是买不到的!江阴路,往昔大饼油条摊上的香气,能够看得见跑马厅钟楼那个开满鲜花的晒台,让我难以忘怀!

申城街头忆旧

　　秋夜,我在沪上大沽路老弄堂附近的街边徜徉,眼前,既熟悉又陌生,一边是儿时曾经排队买山芋的"大有康"米号的老房子犹存,一边是新楼高耸,怀旧,一种回味,一种逸趣,旧时的街景渐渐地在我眼前回放……

　　记得在上世纪五十年代,我住在申城老大沽路马立斯菜场正对面的老屋,夏夜路边,昏暗的老式荷叶边灯罩的路灯下,有人在打康乐球,声声清脆,小菜场里咸黄鱼腥味丝丝袭人,路边,有人在吃小摊馄饨。跑马厅旁"人民大道"铁链条边一盏盏宫灯的座基上是周围蜗居市民享受快哉清风的消暑福地。白天此地,又是学生踢足球的好场地。儿时,我喜欢看黄陂路武胜路口解放军军营那几匹拉大车的雄壮威武的军马出现。路旁有间店铺,门虽设而常关,透过玻璃可以看到墙上贴着好多中国画,数日一换,朱漆巨桌边有人忙碌着,后来明白,那是家裱画铺。暑天,路边的杨树上爬满天牛、金龟虫,草地上蚂蚱跳,蜻蜓飞。有时一场特大暴雨过后,人民大道周围的大小马路变成一片泽国,嘿嘿! 这是上海小囡淌大水玩的好时光,在污浊的雨水中淌来走去,不亦乐乎!

　　弄堂口小人书摊是上海小囡开心之地,那个矮长板凳乌黑油亮,书架上插满已经不知被多少人翻阅旧得泛黄的小人书,有些《七侠五义》《十三妹》等构图简朴、画法粗犷的武侠小人书,应是民国旧物,还有解放军战斗故事等书,摊主很精明,一本厚书分拆成三,可赚更多钱。"老虎灶"里烧水的大铁锅有人定期把锅翻转来合扑在街边用铁铲刮灰,厚厚一层锅底黑灰,被铲得一干二净,小孩围观以为奇。

看"西洋镜"旧时街景之一,近十只漆成红色的西洋镜箱放在一个下有撑脚木架的大扁箱中,一分钱看一次,左手握盒仰头对着天空,眼睛对准装有放大镜的圆孔,右手旋动钮把,里面群魔乱舞、杂七杂八的图片跳将出来,哄得小孩是哈哈大笑!拉洋片则是一只大型箱子,前面几个观看孔给坐在凳子上的小孩看,摊主边拉图片边说唱,那是沪上另一种街头玩意儿。

那年头,马路上的小生意吆喝声很好听,有旧货啊买烂东西、钉碗、箍桶、修阳伞、修棕绷藤绷、穿牙刷、卖薰肠肚子、山东人卖狗皮膏药、削刀磨剪刀。还有真正的高鼻头外国人磨剪刀,用一个脚踏轮子来带动砂轮磨刀,火星飞溅,煞是好看!我最喜欢上世纪六十年代在连云路新城隍庙街头一个山东口音、肥头大耳的胖子手舞足蹈的叫买声:"来来来,瞧一瞧,杂杂(只只)都是活地(的)!"原来是一粒凸镜后加两片小玻璃夹着"烂稻草水"的土制"显微镜",眯只眼往里一瞧,哈哈!一滴水中看世界,数不清的"小虫"在游动。从前沪上早已消失的街景,让我至今记忆犹新!

老上海人家的旧物

随着沪上老弄堂一个一个消失,曾经用过的旧器物印象也从上海人家的记忆中一点一点淡化,有的沦落为古玩冷摊上的"老古董"。

儿时,看见故乡昆山明代老宅里挂着一个竹子做的长筒之物,色泽红褐,闪着光亮,以为是只大鱼篓,后来在上海同学家里也看见一只,外婆讲:"这是暑天抱着睡觉用的'竹夫人',中空,四周有竹编网眼,消暑清凉佳物。"古代,竹夫人亦被称为"竹夹膝"。东坡句:"留我同行木上座,赠君无语竹夫人。"我想,这大概是最原始的"空调"吧?

现在冬天还在用汤婆子的人恐怕很少啦,从前家家户户都拥有白铜汤婆子,就像现在空调一样,也平常。古代的汤婆子有用锡、陶等多种材质做的,黄庭坚诗云:"千钱买脚婆,夜夜睡到明。"小说《红楼梦》提到汤婆子:"袭人回家奔母丧,晴雯便忘了为宝玉暖被铺,说,终究暖和不成,我又想起来,汤婆子还没拿来呢。麝月道:这难为你想!他素日又不要汤婆子。"

小时候我最怕汤婆子漏水,冬夜到老虎灶泡汤婆子水,回家走到半路只听得汤婆子发出吱吱声,滴滴答答漏水啦,这一晚,脚当然是冰刮丝阴啦!从前的旧汤婆子接缝处有的焊满了堵漏的锡,记录着岁月带来曾经的创伤。

老上海有卖"凝刨花"的行当。木刨花浸在热水里,渗出粘液水可以涂抹在头发上,起固定发型的作用,是现代"摩丝"的原型。大画家贺友直先生曾画老上海三百六十行中有此图，一个老头坐在长凳上用刨子刨木花，木头是榆树料，记得旧时老大沽路弄堂口烟纸店也有买现成的木花，现在古玩市场里的明清景德镇瓷器粉彩花鸟、人物刨花缸还是一件骨董呢！

过去沪人生病看中医，到药铺配药，煎好药，送上门，用一个个小小的、好白相的红绿色的迷你"热水瓶"装的，倒出一碗温热的汤药汁，病家感觉，良药苦口利于病，药店温馨利于心，我想，吃过这种瓶装汤药的朋友，毛病大多康复得更快！

1958年街上穿皮鞋的人较少，一下大雨，脚上穿的布鞋就像潜水艇，要知道，布鞋浸湿的味道就像吃大菜尝到了一坨老鼠屎。记得有一次我老爸黑色的元宝套鞋漏水，叫我哥哥去打补丁，回来，一块自行车内胎粉红色的鲜艳补丁分外漂亮，当教师有点审美观的父亲大动肝火，骂道，小举（鬼）不动脑筋，还能穿吗？拉掉，去重补！

旧时上海小囡喜欢穿木拖板（鞋），一块脚形木板上横钉一条宽帆布带即可拖行，我就怕木拖板断带子，那就像个无头苍蝇到处寻找钉子榔头……夏天炎炎，弄堂里木拖板鞋滴刮啦、滴刮啦的声音，叫卖光明牌赤豆棒冰有节奏的啪、啪、啪的敲击声，窗口，叫蝈蝈抖出一串清脆鸣叫声，门外，修洋伞老头鼻音混浊的厚重喊声，汇成一曲上海老弄堂奏鸣曲，亲切又动听。

上海弄堂里曾经有的生活佳物，离我们渐行渐远，一切仅在朦胧的记忆中……

记忆中的旧物

　　如今沪人生活越来越惬意，寒暑有空调，早夜热水浴，渴了喝雪碧，饿了啃鸡腿，出门开座驾，入室乘电梯。上世纪五六十年代上海人的日常家用旧物现在大概只有在旧货摊、老弄堂的动迁遗址破墙边可以发现，一双木拖板、一只旧脚桶、一柄油纸伞、一具生锈的"思拨灵锁"、一只洋油灯，那些曾经给我们生活带来方便的旧物可以让我产生对过去岁月的怀旧之情，回忆起我们先辈亲人、石库门老弄堂生活的点滴记忆……

　　说到"捂库"，现在80、90后的孩子大多不知道这是什么东西？那是用稻草制作的，一圈圈的稻草扎得像个圆桶，上面有个稻草扎的盖子，记得从前外婆买来新的"捂库"外面还要用旧布包好用针线包缝得严严实实，说是耐用。冬天，刚刚从煤球炉上烧好一钢精锅子饭焐在里面，马上用小小棉被塞紧，盖严，饭可以保温很久，自从有了电饭煲，老土的"捂库"只能退休啦，这叫与日俱进。

　　糊"硬衬"是旧时弄堂里夏天阳光下常见的一道风景线，"硬衬"可以做鞋帮，我们小时候穿的布鞋一定要用"硬衬"，做这玩意是外婆的"专利"。糊"硬衬"先要捣浆糊，还要准备许多旧布，上海人善于废物利用，这是勤俭持家煮妇们的一种生活情趣。一块大木板，刷上一层浆糊，把大大小小的布片一层层分批均匀地糊上，糊到一定厚度，把糊好整块木板放在太阳底下暴晒干透，揭下，配上鞋面布、滚条、鞋底，小孩就可以有新布鞋穿啦。

"擗刀布"是从前剃头店里挂在墙边的一块长条帆布,刮胡子刀刃钝了,在这块布上用力上下来回刮几下,奇怪,那把胡子刀马上变得锋利。现在有些古镇的老式理发店里还能够看到这件老古董玩意儿？儿时,我注意到这条布大概从来也没有洗过,常常是变得乌黑闪亮,油腻腻的太脏啦。记得小时候听隔壁邻居家大人,骂家里小囡,侬迪件衣服已经脏得像"擗刀布"一样,快脱下来洗一洗!

　　"顶针箍"黄黄、白白、亮亮的像一只金戒指,上面有密密麻麻的小小圆窝,旧时家庭必备之物,它与针、线、线板配套,缝衣针使用时遇到厚的布层或棉层,针扎不进去,就得请套在中指上的"顶针箍"来帮忙,把针尾顶在"顶针箍"的凹窝里用力一顶,那针头就进到棉层里面去啦,记得缝面被、棉袄等厚棉织物一定要用到它。

　　我喜欢"拉线开关",黑暗中听得"嘀嗒"一声,灯就亮了,有人家住老房子二、三楼,烧饭在楼下灶披间,楼梯上的灯,一根拉线开关的线一直要结到底楼,上海特色。上下楼方便又实用,从前拉线断了,我还能够把开关全部拆开研究研究,重新接上拉线,那时觉得自己本事蛮大。

　　记忆中上海人家的旧物,老弄堂曾经的生活,让我难以忘怀。

臭虫忆旧

有首儿歌："六月里辔癞痢真苦恼噢噢噢，苍蝇叮勒咯蚊子咬噢噢噢，杨柳杨柳青呀……"其实，从前每到夏天，上海小赤佬最害怕的不是天气热太阳晒，苍蝇叮来蚊子咬，最恐惧的是臭虫。上海人对于"四害"之一的臭虫应该是家喻户晓吧？老上海的臭虫就像"游击队狙击手"，不管白天黑夜，有机会就出击骚扰，速度快，枪法准，打一枪换个地方，它们，看不见摸不着，弄得你皮肤红肿发炎、痒痛难忍、心神不宁。

上海人叫臭虫为"壁虱、床虱"，顾名思义是躲在墙壁、板缝里吸人血的虱子。旧上海老房子木板做的墙、床很时尚，更适宜臭虫的隐藏。用手抓拍臭虫时一股难闻的臭味直冲你鼻腔，臭得你喘不过气来，臭得你直打恶心。旧时夏日，起床，睡眼朦胧中听到的是，弄堂里传来生煤球炉的扇子声、刷马桶声，还有劈劈啪啪敲打席子驱臭虫声，奏响石库门老弄堂都市晨曲，背景是一缕缕从煤球炉里升起的青色炊烟，真是有声有色，那时我突发奇想，嘿，上海人睡觉的草席真像一张大网，经过一夜的"撒网"，每天早上敲打席子，总会有不少"渔获"。那些面目可憎的臭虫有的已经被人喂得肥头大耳，拍打在地，蠢蠢欲动，用手一碾，血光立见，臭气熏天，真是晦气也！

对付臭虫的办法仅有几招：开水烫、药水涂、毒气熏，虽然有效，但是在墙壁木缝坑道里隐匿很深的臭虫无法全歼，逃过一劫的残余分子又会卷土重来杀你个回马枪，咬得你更狠更凶。旧籍记载："臭虫多则迷人，耗损气血,须将门窗关闭紧密无缝,用宣木瓜煤熏极效。居客店者尤宜熏之。又方:硫磺数钱为末,和棉花子烧烟熏之,二三次即去,又后有银朱方最效。"民间也有人把荠菜花放在床席下面,据说可以驱赶臭虫。又能避蚊子、飞蛾。

我曾睡过行军床(帆布折叠床),晚上也被咬得七荤八素,早上起来,那些臭虫们早就从"行军"撤退回"驻地"休息,后来发觉臭虫们都躲在帆布搭扣里面,密密麻麻,还有白色透明的臭虫子,看了令人心里发怵,烧一大壶沸腾滚滚放着几根干红辣椒干的开水从叠起的床架劈头盖脑往下灌,就像一颗核弹爆炸,一股正能量的冲击波杀向臭虫,浇得木棍、帆布吱吱响,隐隐听得鬼哭狼嚎,阳光下臭虫们全部歼灭!

我认识的一位老上海作家说,民国年间他曾住在上海窄小的亭子间里,白天教书,晚上写作,每到溽暑,大汗淋漓,臭虫成群结队来扰。最后他把房子里所有木家具扔掉,晚上睡在收拾得干干净净的水泥地上,奇怪,半夜里还是被臭虫咬得失魂落魄,早上起来,地上一尘不染,那些可恶的臭虫哪里去啦?后来发觉,成千上万只狡猾的臭虫竟然全部潜伏在墙上一只美女照片的木镜框背后,应了一句老话:"贼是小人,智过君子"!

食在上海

食尚往来说旧事

　　记得儿时，小学读书，某同学带来一包爆山芋干，大家纷纷把手伸过去，喊："哈点来"（分点来），我也伸手出去，弄到两片香脆薯干。几天后，我买了一纸包咸萝卜干，在"哈点来"声中你一根我一根须臾分光！这是儿童之间的"食尚往来"。

　　在食品匮乏，居住条件像 72 家房客那样的年代里，A 邻居包馄饨，给每家端去一碗，B 邻居生日，一碗碗热气腾腾的大排面又分送过去，C 邻居乡下来客带来一大捆甜芦粟，邻家小孩围在一起饕餮大嚼，吃得划破指头，还是高兴啊！这是美好的记忆。现代文明社会，邻里之间的食尚往来渠道已经被防盗门、防盗窗的铁栅和警惕的目光一刀切断，甚至有人在此住了十多年，竟然连隔壁邻居姓什么都不知道！

　　"雅集"，风雅之人的聚会，旧时文人常在文友家、茶馆、酒楼等地方小聚，也有人叫"饭局"。这是吃的文化、圈子文化。有些难以启口的问题都可以在饭局上轻松解决。用现在的时髦话就叫"食尚往来"。那么，旧时沪上文人雅集喜欢寻什么菜馆？点些什么菜？茶余饭间，他们搞些什么活动呢？其中又有什么佚闻趣事呢？且听我说来。

　　我曾听沪上国学大家陆澹安先生说，从前上海文人商谈事务有的喜欢到老正兴、德兴馆、同和馆等本帮菜馆小聚，他最喜欢点白斩鸡、炒腰花、炒三鲜、腌笃鲜等小菜，他记得从前菜市路（今顺昌路）"老合记"用猪脑与白果烹制出来的"金银双脑"最肥美，他常常与老报人严独鹤，以及施济群、郑逸梅、朱大可等好友在菜馆里谈谈国学、论论艺术等，饮得微醉而散，最为惬意。澹安老人说，他与朋友曾在沪上一家东北酒家吃过煮得极为酥烂的大兴安岭熊掌，汤汁很黏稠，味道就像香港茶餐馆里的大鲍鱼，有一股怪味，不怎么可口。

沪上文史掌故大家郑逸梅先生说起苏州星社的活动很是留恋过去的好时光，他说，曩昔，星社每月聚餐一次，有陶冷月、徐碧波、程小青、蒋吟秋等许许多多文化名人。有一次一行人享用太湖船菜，把船开往黄天荡，一路上惠风和畅，看水乡野色，帆影点点，移舟皆是美景，船舱内，湖鲜蔬果、米酒点心陈杂，游者朵颐大快，吟诗谈笑，直到红日西沉，暮色四合，芦荡宿禽鸣声中，船返归途。

上海人吃面条有的喜欢在面里洒些胡椒粉，增加鲜香味，民国时有位文人李浩然啖面喜欢倒些白酒在面里，说是味道胜过胡椒粉。

从前有位叫施济群的喜欢吃蟹，他怕拉肚子，就在吃蟹前先服用一管痧药水。

老上海中医名家陈存仁记民国时他第一次在法大马路上的鸿运楼菜馆设饭局请上海名医，享用美味佳肴之外加一款多花四块银洋钱的"白汁排翅"，他回忆：当时上海名医，一个个应邀来到，有一个北京首富叫乐笃周的大户，给每人送上吉林人参一两（当时价银元十二元），饭饱酒醉后乐笃周还准备印度上品烟土招待贵客，在一片吞云吐雾谈笑风生中商量业务，直到深夜才散去。

我听红学家魏绍昌先生说起"文革"前上海一批文化名人、书画艺术家们在襄阳公园茶室雅集之往事，从前这里很幽静，住在市区的文化老人一有空就喜欢来此品茶休闲，谈天说地，探讨艺术，研究国学。有一次名印家朱其石拿来几方印石给大家赏玩，其中有一方寿山田黄石，温润如玉，色净似鸡油，印面还有吴昌硕刻的印文，边款署名"老缶"二字。朱其石说是早上刚刚从附近华亭路旧货摊上捡漏得来，给大家猜花了多少钱买来？平襟亚说这起码得花200元,钱瘦铁认为冷摊捡漏大概所花不多,50元以内,大家你我争说,结果朱其石报出的价大出冷门,3元!从一只旧淘箩里觅得,引得老人们一阵惊呼,哎呀!值得呀,太便宜了!有人提议,老朱,中午大家就在隔壁"天鹅阁"聚一聚,弄点炸猪排、牛尾汤、色拉开个洋荤,你请客吧!

说到食尚往来的请客,几十年前,那是件大事,小孩跟随大人过年到亲朋好友家或酒家吃饭,那是最高兴的事,约日在前,等啊等,终于上席,平时不看见的紧缺食品鸡、鸭、鱼、肉摆满餐桌,咳!一群平日缺少油水的人,舞动筷子像雨点,吃它个盆底朝天!如今世道变了,现代"三高、四高"的富贵病都是吃出来的,我认识一个老板犯"饭局恐惧症",朋友招饮之事最头痛,一周有六次,不去失礼,如何应对?有个医生为他想出一个健康妙招:"你在酒席上每道菜只夹一点点品尝,决不动第二筷,或者尽量寻素菜吃,不要喝酒。"在这人人怕吃、怕喝、怕撑坏肚子的今天,所以现在饭局做东者,待客人到齐,首先要举杯再三表示感谢诸位朋友在百忙之中,老远赶来光临本次小聚云云……

但是也有人因为未被邀请赴宴而大发脾气,那就是沪上篆刻大家陈巨来先生,上世纪七十年代末,我去巨来先生家,只见他老人家正在方桌上拆蟹粉,见我到,他说,杨忠明,告诉你一桩气人事,某人昨日避开我与几位海外来客到宾馆里大吃大喝,却送来几串阳澄湖大闸蟹应付我,我女儿从晒台上看到送蟹某人钻进路边一辆轿车!我今天从早上拆蟹粉到晚上,累得要昏过去了,这些讨厌坏,坏极了!后来我了解到,原来巨来的友人到昆山小聚吃蟹,怕请巨老去,路上受累吃不消,所以特地先把大闸蟹给陈巨来先生送去让他老人家在家里慢慢地吃,好心闹此误会。

一年中大概要上酒家应酬366次的上海书法篆刻大家陆康先生是当今沪上饭局最有召唤力的招饮者,手指一按,短信发出,文化人士从四处赶来,高朋满座,群贤毕集,在一支支红酒的开瓶声中,数百好友的雅集活动就此展开,真是和谐社会,今夜星光灿烂……

文人与美食

　　文人常以美食雅聚,席间谈古论今,吟诗作画,引以为快事,姑述雅事数则,以飨读者。

　　国画大师张大千先生常亲自下厨烹菜待客,他把国画中的调墨调色法融通发挥在中国烹调之中,所作菜肴,色彩和滋味别成一格,传为"大千菜系"。大千晚年患有严重糖尿病忌食肥腻食物,有次他食瘾大发,实在难熬,竟夹了一大块肥的回锅肉解馋,还笑着说误以为是块大白菜呢。

　　1929年秋,著名书法家于右任到苏州木渎石家饭店品尝"斑肝汤",食后大喜,即兴题诗一首:"老桂开花天下香,看花走遍太湖旁,归舟木渎犹堪记,多谢石家鲃肺汤。"于右任是陕西人,听不清"吴侬软语",把"斑肝汤"误听成"鲃肺汤"。这一首诗使原来鲜为人知的斑肝汤却以鲃肺汤的新名称遐迩闻名。国民党元老李根源还为苏州木渎石家饭店题"石家饭店"四字店招,引来了民国许多政要官,邵力子、白崇禧、汤恩伯、陈果夫、吴敬恒、李济深等人去吃饭。

　　解放前,在上海写市招出名的天台山农刘介农,他写的书法,北魏体雄放浑穆,行书体苍秀沉郁,上海人喜食的天台山蜜橘,就是刘在当地购地种橘,收获后运到上海推销而扬名。天台山农体格魁梧,爱鲜肥美食佳肴,食量大得惊人,一餐可进食包子近百,当然是小包子,再加一碗面条,一顿饭能吃两只大蹄髈,有饕餮之称。

　　沪上名画家谢之光先生,嗜咖啡成瘾,自谓煮咖啡时香雾缭绕,浓香扑鼻，使人神清气振，一个晚上可以不睡觉，绘画创作灵感大增。"文革"时咖啡不易得，适有友人住新成游泳池旁边老弄堂口，常备正宗咖啡，邀请谢老共饮，一边写字台上早已笔墨颜料伺候，等到谢先生咖啡喝得飘飘然，神满气足，兴起伸纸，挥毫点染，运笔如飞，点墨成趣，顷刻画就，无论山水、葡萄、葫芦，章法似乱不乱，莫不栩栩如生，越画越来劲，一发不可收，手舞足蹈，墨水打翻在宣纸上，只见谢之光伸手把一只新衣袖管权当吸水纸，旁观者惊讶，谢老哈哈大笑，画画到哪里是哪里，有什么不可以，都是咖啡惹的祸！

某日，与几位文化人士小聚，有一朋友端上一盆狗肉，说是为了晚上请客，特意早上开车到太仓一家烧狗肉最佳的酒家弄到一大盆五香狗肉，看一桌文友吃得好香，从不吃狗肉的我，竟然被桌上那盆狗肉的奇香所吸引，遂夹一块尝尝，味道真是香啊，一连吃了两块。突然想起喜欢吃狗肉大有人在，鲁智深、济公和尚。还有清代大画家郑板桥嗜食狗肉，富豪求画不到便派人在酒家装扮一位老者自称"怪叟"，用狗肉款待他，饱餐一顿，付钱时，店家分文不取，郑板桥便当场作了几幅书画赠给店家。后来知道贪吃狗肉上人的当。还听说旧时吴江有个叫沈屺瞻的画家也喜欢吃狗肉，人家求他的画，很难得到，只有煮一大锅喷喷香的狗肉给他过把瘾，弄点酒喝醉后，就挥笔画画不停。

海蜇加热就溶化为水，不好吃啦，未曾听说"炒海蜇"这款菜，我曾听老师郑逸梅说，从前有个豫肴馆梁园，有个大厨乐秀峰，有秘诀，一手绝技，善做"炒海蜇"佳肴，从前周总理曾品尝到这款菜，著名金石考古学家、书法篆刻家马衡的长子马太龙教授也去吃过，自己回家试着做这"炒海蜇"菜，就是做不成功。

吃食堂记旧

某日中午到上海图书馆阅览,经过一个走道,突然闻到一股熟悉的饭菜香味,从一个楼梯门的门洞里飘出,呵呵! 这是旧时里弄食堂常有的饭香味。

说到食堂,上海人大概不会陌生,从上世纪五十年代到八十年代里弄居民食堂到处都是,上海人家有的煮妇懒得烧饭,就到附近居民食堂买点菜和饭,实惠又方便,现在好像看不到啦。但是,现在企业、机关单位里的食堂还都存在,上海人吃食堂有"悠久的历史"。

1958 年大跃进时代,我住在老大沽路,楼下有一个食堂,大人上班,我就去买些五颜六色的饭菜票去食堂吃饭,记得饭票上画着一碗冒着热气的大米饭,菜票上画着一条鱼,亦称代价券。那时鱼肉荤菜 8 分一碟,蔬菜 2 分一份,肉丝炒菜 5 分一盆,买盆菜要代油票一张,用配给油票换,汤是免费的,当然是清汤寡水的酱油汤,一顿饭一菜一饭花钱 1 毛钱搞定。那时中午吃食堂人很多,以小学生、居民为多。1961 年食品匮乏年代,食堂的菜少得可怜,甚至用卷心菜最外面的青色老叶炒菜,豆渣蒸熟充当菜,油水很少,那是艰苦岁月的生活,自然灾害的年代里,国人同舟共济,但是我们每次吃饭感觉很香。后来大米限量供应,食堂里基本卖馒头、光面,吃早饭两只白馒头去上学,中午一碗什么都没有的面条,汤是标准的酱油汤,一大桶水里洒几滴油。沪光电影院对面有个金陵小饭店,中午排队买盖浇饭的人很多,两角一盘的饭要比食堂丰富多啦。

有一天中午我从食堂买了两只光馒头拿在手里，走到重庆北路上，突然，从对面四楼屋顶上飞下一只麻雀，对着我手里的白馒头直冲下来，毫不客气地用嘴啄来吃，我一看，哈哈，从来也没有过的奇怪事，野生麻雀竟然不怕人，我让它吃个饱，站在我手上不想离开，同学看见说，这个麻雀是你养熟的吧？那麻雀好像听得懂人话，又吃了几口馒头，翅膀一振，连叫几声，仿佛是感谢的鸣声，呼的一下飞走啦。后来我明白，这只饥饿到极点的麻雀，不顾一切地抢人的食品吃，即所谓"鸟为食亡"，今天我看到了这一幕！

吃食堂的饭叫大锅饭，只能吃饱，不能吃好，每人吃得干净不浪费，比食堂好吃的地方叫小马路边的小饭摊，从前踩三轮车的，出差的人喜欢光顾，两角钱一碗饭一个小砂锅，有三鲜汤、小白蹄，也有现炒的菜，如炒猪肝、青鱼肚档、甩水，味道狎气鲜。弄瓶小炮仗酒喝得满头大汗，过去没有私家车，也不怕酒醉被罚。吃得红光满面，心满意足，那架势，好像刚从国际饭店里吃大菜走出来，这是食堂的豪华版了。

从前吃居民食堂也要开后门，你是食堂老吃客，里面的阿姨爷叔都熟悉，人多时可以不用排队，眼睛眨眨，叫声某阿姨，谢谢，直接把饭碗从后门送进去，红烧肉挑得比别人厚，肉汁多浇点，饭也多盛些，哈，这是享受食堂的"特供"了。记得有一位演员去食堂买面条一两，对阿姨说："阿姨，菜多点、面条多点、汤多点，好吗？"阿姨对她一翻白眼说："可以呀，那你买二两吧！"

上海泡饭忆旧

　　旧时上海人喜欢躲在家里吃完泡饭、酱瓜,西装笔挺头势清爽去上班。泡饭,清清白白,汤汤水水,全无粥的那种黏糊不清和缠绵感觉,我想,上海人精明能干,应该与长年多吃泡饭滋润肠胃有某种养生关联?如今早上吃碗泡饭上班去的人必有减少,坐地铁,沿路看到都是油炸点心,还有烤鸡腿、麻辣烫、肉夹馍作伴。现在喜欢吃泡饭的人大概是饭局连续,油腻过多,想清清肠胃的朋友,恭喜:往日平民的朋友泡饭兄,终于和富人交上朋友啦!旧上海人过年初一早饭吃宁波圆子、酒酿汤圆等,听老人说,大年初一切忌吃泡饭、淘茶饭,否则会穷一年。

　　泡饭亦称"水饭",海派饮食文化之一,做泡饭最方便,开水泡、加水煮二法,有人说沪人吃泡饭的历史比上海的历史长。宋吴自牧《梦粱录·诸州府得解士人赴省闱》记:"其士人在贡院中,自有巡廊军卒,赍砚水、点心、泡饭、茶酒、菜肉之属货卖。"旧小说《官场现形记》第十七回:"说话间,魏竹冈已噢了三碗泡饭,单太爷一碗未完。"我听老宁波说,上海人吃泡饭相传自宁波人开始流行,从前宁波人节省,一碗泡饭过过咸带鱼、龙头烤、黄泥螺、咸菜、臭乳腐、咸蟛蜞等,味道交关赞!我小时候最喜欢干煎咸带鱼过泡饭,往往是一碗滚滚烫的泡饭还没有吃几口,带鱼是吃了好几块,我外婆在旁边嘀咕着说:"烫粥烫泡饭最搅小菜。"往昔,冬日夜宵最惬意的美食是烧碗热气腾腾的泡饭,黄金搭档是肉丁豆干炒辣酱、苏州虾籽鲞鱼、油条蘸酱油、紫香大头菜,百吃不厌。

网上搜寻"上海泡饭",跳将出来的竟然是一碗色彩油黄,有肉丝、笋丝、木耳、榨菜加海鲜高汤做成的土豪级泡饭。有点像小说《红楼梦》里贾宝玉吃的虾丸鸡皮汤泡饭。这与我从前天天吃的泡饭形象大相径庭。

曾吃过"澳洲龙虾鱼翅烧泡饭",这是最高档次的上海泡饭,味道是鲜不可言。我吃过最差的泡饭在 1970 年,插队江西山村,大热天中午收工回到宿舍,饿得发慌,拿井水往饭粒里一冲,捞几根发霉的咸萝卜干过着吃,这叫"矿泉水农家乐泡饭",吃了整整三个月这样的"美食"结果染了甲肝住院,原因是农民肩挑打水的木桶直接放在脏污泥地上,桶扔到井里打水,水被污染的缘故,吃了这样的井水泡饭不生病才怪呢,现在回想真可怕!

从前没有冰箱,暑天高温,剩饭放在大碗里隔凉水浸在脸盆里,早上到老虎灶泡瓶开水一冲,要比烧粥方便,弄点酱瓜、乳腐,稀里哗啦吃完上班,比大饼油条便宜多了。1979 年我厂有位同事人称"泡饭大王",大概是当年上海滩最节俭的人,每天中午吃的是家里带来的冷饭一盒,开水一泡,瓷碟里一块大红乳腐像件老古董,要吃一个月,吃时捧出,每次用筷头沾一丁点乳腐皮汁,泡饭连水带饭速战速决,3 分钟解决午餐问题。

申城百岁文化老人陈同年先生几十年来一直喜欢吃菜泡饭,他天蒙蒙亮起床,把青菜、萝卜和剩饭加点油盐作料放到锅里煮,吃得身体非常健康,脸色红润,说话声如洪钟,今年 104 岁,还可以每天步行 2 小时。曾住在四明村里鲁迅先生的儿子周海婴回忆,"抗战时上海买黑市米要比市价贵很多倍,但是又不得不买,实在是吃不饱肚子,当时日常有咸菜泡饭吃已属美味佳肴了"。可见上海泡饭帮沪人渡过难关的魅力所在。在那食品匮乏的年代,吃泡饭最能够节省粮食,是骗饱肚子的良策,一碗饭加水一烧,膨胀出汤汤水水许多来,冬天,三轮车夫几碗泡饭填满肚子,能量充足,从头顶到脚下浑身发热,踩起车来如飞一般。

儿时的我，每年春秋都要发热生病，不吃不喝，胃口全无，外婆为我烧一碗焦泡饭，把米饭在铁锅里用大火煸炒得干焦直冒青烟后多加些水煮一煮，这样的泡饭米粒焦褐色，热腾腾，喷喷香，开胃口，助消化，出身大汗，病也好啦，一碗神奇的焦泡饭，值得我永远怀念。

说到焦泡饭，蛇年腊月底朋友邀我到南浦大桥下有个叫东江20号的会所小聚，最后一道"泡饭"一尝，饭粒绝香嚼之带脆，大厨说这是他们的特色泡饭，用焦饭糍做成，嘿，真让我寻味到儿时外婆烧的焦泡饭的记忆！

肖形印

西林禅寺的天厨妙供

　　松江三月春色浓,多少楼台烟雨中。此刻,我与沪上几位文化界朋友夜游松江华亭老街的西林禅寺,它坐落在松江区中山中路666号。雨中的古刹,禅房塔影重,祥和瑞气笼。既来之,则安之,何不在寺里的"西林素斋"用膳? 松江首家300多平方米的素斋馆中,市区来此品尝素斋的吃客真不少,服务员忙忙碌碌斟茶上菜,看来这里的素斋享誉沪上西南一隅,真是名不虚传呀!

　　今晚我们选的是分食制吃法,这符合现在社会卫生健康理念,高端且时尚用餐法则,曾在玉佛寺任大当家的悟端大和尚对我们说:"西林禅寺素斋食材选自浦南本地绿色食品,菜蔬,吃的是新鲜,真味。"朋友们来此欣赏书画,聆听梵乐,感悟人生,浮生难得半日闲,使人们享受到繁华都市中难得的一份宁静。

　　进入包间,先拜读门口由著名书画家韩敏所书对联"佛不择人度,僧乃治心微",长桌围坐,服务员递上滚烫的毛巾,擦脸净手,感觉温馨。每上一菜,他们会恭恭敬敬地对客人说:"施主请用膳。"然后介绍此款素菜的名称、出典、用料、吃法、口味等情况,西林素斋服务有家宴的氛围。这是悟端大和尚传道有方,膳房主管灵机法师等管理细致的成果,十余位西林素斋的厨师和服务员修养到位的功德。开宴:素菜冷盘端上四五碟,白色醋藕、绿色刀豆、青色莴笋、褐色核桃,使人眼目清亮,一尝,醋藕微酸带点甜,莴笋清脆有嚼头,刀豆味咸稍有辣,桃仁油润满口香。众食客食欲大振。

灵机法师说:"今夜大和尚特地关照,请你们用一壶福建福鼎 20 年陈的老白茶,这款高档名茶,在别处是喝不到的,福鼎太姥山一带老百姓家家都保留些老白茶以作药用,白茶有解酒醒酒、清热润肺、平肝益血、消炎解毒、降压减脂、消除疲劳等功效,白茶存放时间越长其药用价值更高。"我捧起茶盅品一口热茶,香透心脾,与好茶有缘,正所谓西大门进口处的联句"西林素斋增福添寿、崇恩禅茶养身净心",真的难得!

西林素斋中有几道颇有禅意的素食与各位共享——

"僧家清供":腰形瓷盘中几片白玉色的云南鲜松茸,闻之有香,入口嚼之,一股山野妙香喷薄而出,无上真味,满口清爽,配合蛋卷包裹着菌菇丝、黄瓜丝蘸着调料吃,果然有西林素斋的特色。

"先苦后甘":主角,苦瓜一片中间盛着粉色素虾蓉,配角:翠绿两根滚满白芝麻的薯条,先苦后甜,色彩、味道均有反差,告诉我们,做人要先苦后甘。

"菩提吉祥":盆间绿叶象征菩提之叶,长盆右边用植物蛋白烹制的鸡柳味数片,鲜汁浸透,咀嚼甚香,有草鸡肉的好味道,"鸡"读"吉"讨口彩,左端,饭糍洁白如玉,做成佛花一朵,花芯是由鲜菇山珍切碎后加作料烧制,鲜醇可口味道浓郁。

"素中三彩":素三彩瓷器釉彩名称之一,色彩朴素洁丽,无火气,给人一种宁静的美,由带翠皮黄瓜、淮山药片、野生木耳,黑、白、绿三色组成,菜色悦目,吃口清淡。拼盘者是蒸熟福建名菜槟榔芋头切长方形在汤浆水中浸一下,冷却后挂霜,槟榔芋肉乳白色带紫色槟榔花纹,松、酥、浓香,风味独特。"素中三彩"养生减脂妙品。

"金银合欢":番茄饼,做法:本地番茄切薄一片,挂糊,油锅煎,色金黄捞起,装盆时浇白色色拉油,呈银包金色,外脆内软,别有风味。蒸饺一只,胡萝卜、白萝卜丝作馅,搭配素牛肉、芦笋助阵。

"佛钵藏宝"：一只褐色小陶钵，钵体滚烫，内藏冬瓜一方如白玉，用玉米、豆芽、香蕈、猴头菇吊出清鲜高汤和南瓜泥勾芡浇在蒸熟冬瓜上。食之，冬瓜真味润喉，南瓜清甜适口，汤汁醇香。食客赞口不绝！

　　"压台戏"：一件粉彩瓷盖碗上桌，开盖一看，香气四溢的老上海雪菜竹笋煨面，清清白白，汤汤水水双手捧着喝汤吃面，汤浓、面软、汁鲜、暖胃，一顿西林禅寺素斋吃到此时，恰到好处，胜过普通酒席一大桌浓油赤酱的鸡鸭鱼虾蟹鲍，省去了食客们的"三高"恐惧症。

　　西林素斋，菜品、点心百余种，菜名蕴含深刻的佛教意味，有佛语连珠、寺依青山、有缘双方、金钵献佛、七菩提分、百年好合、金玉满堂等吉祥名称。没有一个用鱼、肉、鸡、鸭、蟹、虾等荤名出现，这就对了，肉圆叫"头陀"，素鸡称"素几"，牛排改"黑椒素排"，虾仁写"仁义"等等，体现了佛门护生的宗旨，又使信佛吃素的客人点菜不尴尬，完全排除素斋出现荤名的弊端，这样才体现了净素理念。

　　西林素斋，烹制精细，造型优美，风味独特，回味隽永。灵机法师说：此地有点菜和分食制两种，有大中小包房数间，两百余个餐位，适合家人和朋友聚会，来此举办生日素宴、佛化婚礼、寿宴等素食需求，丰简随意。现代人荤腥不断，鸡鸭鱼肉吃得多了，不利健康，容易"三高"，吃点素斋青菜萝卜、竹笋面筋、菌菇豆腐，换换口味，品品好茶，清清胃肠，有利健康。是当今素食文化、时尚养生的新概念。我们一行人在沪上著名摄影艺术家、收藏家邬久康先生的推介下促成了这次到松江西林禅寺体验素斋美食之旅。

　　西林素斋，是集传统与创新为一体，集文化与艺术为品位，集自然与环保为宗旨，集色香与可口为美味的服务型理念。您可以在这里享素食，品禅茶，赏书画，听梵音，阅览一卷佛教经典，思考百年禅悦人生。美哉！

闻臭识香味美鲜

嗅觉、味觉，香极了就是"臭"，臭极了反而"香"，这叫物极必反，微妙在于临界点，为什么沪人喜欢吃臭豆腐干、臭乳腐，宁波人一见臭冬瓜、臭苋菜梗食欲大开。老上海人最喜爱的臭豆腐干，闻闻臭，吃吃香。魅力就是那一股奇特的臭味。我是吴地人，吃小菜喜欢带点甜，四鲜烤夫未放糖就会酸、咸，我就不动筷，竟然对臭豆腐干、黑心臭咸鸭蛋、臭乳腐颇感兴趣，沦落为"逐臭之夫"。

儿时，我居住的石库门老弄堂里每天下午总有一个老头挑着柴爿、臭豆腐坯、辣火酱、油锅的担子。炉火一烧，青色的油烟升腾，弥漫整个弄堂，奇怪，那股青烟好像是传递信号的狼烟，顷刻，引来大人小孩围观，锅里油氽着的臭豆腐"逐浪翻滚"香气四溢，当臭豆腐表皮色泽逐渐泛黄硬结，老头钳起臭豆腐干，用竹筒里的麦秆往中心一插，蘸上辣火酱，等急了的臭豆腐干粉丝们马上行动，顾不上油泡吱吱作响的臭豆腐干有多么烫，急吼吼往嘴里塞，臭豆腐干表面松脆，里面柔软，鲜、咸、油、辣、臭，五味齐全，嚼之，鲜汁四溅，满口喷香，享受的就是"滚烫"二字，这才是品味老上海臭豆腐干经典风味的标准，现在用精制油，煤气罐氽出的臭豆腐干寻不到旧时感觉，我心仪中的上海油氽臭豆腐干缺少了人物场景，柴爿担子、麦秆、菜油、石库门、那股熟悉的青烟，现在的臭豆腐干醇厚的乡土臭味已经大大变味，替代的是化学异味……

宁波人喜欢吃臭冬瓜、臭苋菜梗，旧籍记："苋菜梗梗如蔗段，腌之气臭味佳，最下饭"。我特意采访了从前同事师傅、宁波镇海人煮妇陈爱菊女士，她说此物富含某种维生素，抗癌，可预防老年痴呆症，宜热天制作，取2到3尺长的青红色米苋梗切成3、4寸长段，冬瓜切块要大些，老冬瓜带白霜最佳，去子，保留瓜皮，大火，清水，放在锅里煮20分钟左右，冷却一夜，早上捞出，放在陶瓮里，现在存放在玻璃大瓶，放盐，一斤原料配一调羹半盐，拿一块臭豆腐，捏碎放入，冬瓜密封后发酵3到4天，苋菜梗发酵一周开瓮，冬瓜、苋梗要分开制作，十日内要吃光，密封后千万不要开封搅动，不能沾生水，要冷透后装瓮腌制，否则会酸臭败坏。腌成开瓮，一股特殊臭味飘然而出，此物开胃提神，胜过任何山珍海味，臭中隐香，香里透臭，不是臭不可闻，而是臭得空灵，臭得神奇，臭得引诱你上瘾，宁波人不可一日无此君，下饭佳肴，吃时装盆不要忘记加点味精，淋上麻油，味道交关赞噢！咬一口，吮出一股苋菜梗墨绿色的精华鲜汁水。臭冬瓜吃时吐皮软糯鲜臭，嘴里一抿即化别有一番滋味在心头。臭鲜味穿透你的味觉神经末梢，臭鲜味的能量熨平你的胃膜摺皱，片刻后，不觉得臭，满口转而变得平和清香，回味的感觉只有鲜咸二字……

陈爱菊说，他们宁波人还喜欢吃虾酱，用小海虾制成，色淡紫粉红，味道带点儿微臭，作菜吊鲜用，烧豆腐、黄芽菜、冬瓜汤放一些虾酱，放些醋去腥，菜里有了虾酱，味道变鲜，在那食品匮乏的日子里，虾酱也是穷人骗饭下肚的佳物。

关于臭味食品，罗强先生曾撰文：章太炎嗜吃臭东西，以臭为美味。一次，画家钱化佛带来一包紫黑色臭咸蛋，章大乐，竟然开口说："你要写什么，只管讲。"隔两天，钱化佛又带来一罐极臭的苋菜梗，章更是乐不可支，说："有纸只管拿来写。"钱要他写"五族共和"四字，他竟一气写了四十多张。后钱又陆续带来臭花生、臭冬瓜等物，让章又写了一百多张，不管什么内容，章居然无不言听计从。

老上海人吃豆腐

　　用豆做的食品叫"豆制品"，健康食品，沪人最爱吃，从前早餐，喜欢到路边摊头上买一副大饼油条，再来一碗咸豆腐浆或甜豆浆，坐在长板凳上嗨哩呼噜地喝得满头大汗，油条嚼得嘴上油光光，临走时，用手一抹嘴巴残留的几粒黑芝麻，满足啊，这是上海人最开心的早饭，要比躲在家里吃老泡饭、玫瑰大头菜、臭乳腐的人风光得多。

　　我除了好吃肉之外，第二嗜好就是喜欢吃豆腐，"吃豆腐"贬意词，在老上海是个不光彩的话题，不，我喜欢吃的是真正的豆腐，而不是那个"豆腐"。广东人讲，莫搞错啦！

　　除了老人、痛风、肾病患者不宜多吃豆腐及豆腐制品外，喜欢吃百页包、豆腐花、双档、臭豆腐干、臭乳腐、油豆腐塞肉、发芽豆、黄豆芽、黄浆包肉、厚百页蒸咸肉、腐竹烧肉的朋友很多。

　　从前我外婆包的百页包肉最好吃，现在外面买的百页包，里面肉不新鲜又太少，硬邦邦的，一点不鲜。百页包要用夹心猪肉用刀剁碎，最好加点春笋、葱姜，百页包要包得稍大些，薄百页要多层，这样吃起来才够嚼劲，昨天在上海延安西路"崇明私房菜"酒家吃到百页包，用肉和野荠菜作馅，老大一个，味道真不错。

　　从前过年老板请伙计吃百页包，是要你卷卷铺盖走人，如果家里或到朋友处过年吃百页包，不必担心，假如你的老板过年请你吃只百页包，那玩完啦！

腐竹烧肉最好吃，腐竹用的做豆腐时上面一层豆腐浆水的油膜，很鲜，还有薄薄的黄浆（豆腐衣），黄浆包肉味道一流，现在腐竹、豆腐衣都不敢吃啦，不便多说，网上一查，你会明白怎么回事。

食品匮乏时期，豆制品凭卡每人每旬可以买四分钱，要想多吃豆制品，有空子可钻，小菜场里有盆菜专摊，几角钱搭肉、搭蔬菜，还有免票的豆腐干、百页、油豆腐等。红烧肉汁里放点百页结，百页吸收了肉里的蜜汁，更加鲜香美味。

红烧胖头鱼砂锅汤，是沪人喜欢吃的老上海佳肴，粉皮是用绿豆做的，与胖头鱼是最佳搭档，好的粉皮久煮不烂，鱼汤特鲜浓，粉皮有咬劲，临上桌前放把青蒜叶，色艳汤香吃口更妙。

过去到苏州，下火车冲到观前街排队买几盒苏州卤汁豆腐干，馋极了，迫不及待地拆一包尝尝，软软糯糯的，又甜又香又鲜，味道真是好极了。现在到苏州看见豆腐干没感觉，因为上海到处有买苏州豆腐干，想吃就吃。

蜜汁笋黄豆，那甜甜蜜蜜的味道让人难忘，烧此款过粥菜，酱油和重糖是必须的，千万不能太咸噢！网友介绍新蜜汁法笋烧黄豆："黄豆先水发一夜，沥干后加若干嫩笋放入李锦记叉烧酱与八角，倒入适量的水，大火煮开后，改小火焖四十分钟，最后放糖收干，浓油赤酱卖相交关好。"

记得从前上海街上有买五分钱一包两块装的熟豆腐干，有白汁、香辣、肉汁、油氽等风味，经济实惠，这是记忆中的豆制品小吃美食了。

听老广东说腊味

医生忠告：上海熏鱼、油条、火腿、炸牛排、猪头肉，还有我最喜欢吃的腊肉，都是危害健康之劣食。其实，生死由命，富贵在天，为贪口福，咱们要有点奋不顾身大无畏的革命精神。上港式餐厅，我还是首选腊味煲仔饭，那油亮亮、红润润、滚滚烫的腊肉、腊肠，带点硬，很香，那透明的油膘鲜汁涌出，微甜微咸，腊味的汁水浸透了半透明的泰国米饭，使饭粒微微变硬又咸香有嚼劲，那砂锅上微焦脆香的锅巴更是老饕们抢食的对象！

从前我曾住在新昌路"祥康里"，弄里住的都是广东人，每年冬天，家家户户喜欢备腊味过冬，我曾尝过邻居自己做的腊肠，很香很糯，绝对入味。有位曾在老上海虹口经营腊味店的邻居广东人李老板说："你翻开老上海地图，可以找到许多腌腊店，旧时虹口一带经营广东烧腊卤味店铺大多设在天潼路上。初期只有五六家，抗战前夕，广东腊味销路趋旺，增至18家，有老裕记肉庄、升利南货、广利食品、李记腊味、顺康南货等。"

腊味里的腊肉是用酱油、糖、酒等腌渍后风干而成；熏肉是用调料腌渍后用桃木、枣木等烟熏干而成；腊肉和熏肉都选用猪条肉。火腿则选用猪后大腿用盐经过复杂的工序腌制风干的。广东腊味与熏肉、火腿口味不同，北方熏肉多，南方腊肉多。"腊月"天寒地冻，肉不易坏，蚊蝇不多，最宜风干制作腊味。常见腊肠、腊鸭、腊鸡、腊肉、腊猪脚、腊鱼等，广东还有腊狗肉、腊蛋等。李老板说：旧时他销售的腊味有三种为主，广式腊肉猪，经腌制烘烤，腊色金黄，芳香醇厚。湖南腊肉，皮色红里带黄、脂肪莹透似蜡。四川腊肉肌肉棕红，色红似火，香气浓郁。他每年春节前要到南方采购，货用火车、海船运来沪。从前上海广东人喜欢在冬天买些猪肠衣自己做腊肠，瘦肥肉切粒剁碎和匀，拌白糖、食盐、生抽、味精、汾酒，酒、糖要适量多些，增加香度和甜度。捆扎后，自然风干至适度，炭火文火烘烤至透明干爽。然后挂在屋檐下，春节时招待客人，一直可以吃到夏天也不会坏的。

陈老板介绍"腊金银润"做法，把每条猪肝的中央长穿一洞（像袋形），然后把腌过的肥肉按猪肝洞的大小切成条状，把肥肉酿进猪肝洞内，入火烘焙后制成。还有一种用腌透了的鸭肝和肥猪肉做的腊肝肠味道很特别，鲜得细腻，仔细嚼嚼，甘而肥润，香醇有弹性，能寻味出法国鹅肝的感觉。

1964年过年前，我那善做曝腌咸肉的父亲受了那个老广东的影响竟然也学制广东风味的腊肠，老广东说做点腊肠过过年，马马嘟，洒洒水啦！陪我们去南货店选买肠衣，凤阳路菜场切些热气夹心肉，接下来的事情可多着哪，剁肉、配料、灌肠、打眼、绑节、吊晾、晒干。幸有"专家"指导，一切顺利，可怕的是楼下王家那只白脚花狸猫，有偷吃嫌疑？父亲要我看着，还好放寒假，索性搬了只凳子，专业守候，照看几条过冬腊肠，心里美滋滋的！半夜，突然被厨房间传来一阵骚动声、猫叫声惊醒，嗨！未上嘴的美食还是被那馋嘴猫咪捷足先登叼去一根……

老上海烤鸭旧闻

沪人喜欢吃烤鸭,上世纪七十年代我在江阴路仪表小厂工作,临下班,师傅陆康说:"国际饭店贴出广告,凤阳楼新增烤鸭,6元一斤,我今天在国际饭店结到一批刻印款200元,请你吃顿烤鸭,如何?"我回答:"好呀!"傍晚,师徒俩来到楼上坐定,叫了一只烤鸭,一瓶啤酒,几盆冷菜。烤鸭滚烫,先上一盘胸部鸭皮蘸白糖吃,再后是鸭肉带皮用薄饼包裹京葱、甜面酱,脆脆甜甜咸咸油油,味道灵咯,我俩那时年纪轻,胃口蛮好!那架鸭壳叫店家加点绿叶菜烧出浓醇的鲜美鸭汤,俩人吃得不亦乐乎,闲聊几小时,走出国际饭店,夜已深了……路上,陆康说:"燕云楼京帮烤鸭名气很大,旧时在四川北路有家广茂香烤鸭店,我祖父陆澹安常常得了稿费拎只烤鸭回来,广茂香的烤鸭偏肥,但入口真是肥而不腻,皮亮脆肉鲜嫩,因为吃烤鸭口味比较重,油重,配上京葱,能够去腥、除膻。沪上老食客中流传这么一句话:'吃烤鸭,广茂香。'史料记载,1923年,广东何姓人在四川北路266号开设广茂香烤鸭店。经营广帮烤鸭,选料讲究,烤炉独特,工艺精细,皮脆、肉嫩、味鲜。"

我听上海老吃客蒋鸣玉讲:"鸭子滋阴养胃,广茂香烤鸭虽属广帮,但是有海派特色的内涵,食材好,从宰杀、打气、开刀、水泡、上色、灌腔、进炉到放卤8道,辅料不用葱姜,每炉烤鸭烤足40分钟,只只皮脆、肉嫩。秘制的汤卤经灌腔、高温烘烤、放卤。广茂香烤鸭色如琥珀,油水滴滴,滋润着鸭皮,沾上梅子酱调料鲜甜微酸,烤鸭皮脆骨香,配上荷叶饼、京葱,开开心心吃得你满嘴流油,广茂香烤鸭,沪上第一!"

近日,遇到朋友杨亚玲,聊起烤鸭,她激动得跳起来,哎呀,我家祖上在老上海广西北路 324 号开一爿"金陵杨公兴烤鸭店",晚清,她曾祖父杨公兴从安徽和县来上海后在广西路开了家烤鸭店,雇船定期从和县运来养在温泉边的绿头麻鸭,那是肉质肥厚鲜嫩的湖鸭,炭火烤得金黄色泽,用生姜、葱、桂皮、香叶、蒜头、辣椒干等十几种料放水和酱油后熬制数小时,熬出特别浓香的鸭卤调料。一开张,轰动四马路,食客如云,排队,一天可以卖上百只,老上海有些饭店的烤鸭都是杨公兴供货的,附近"稻香村"的鸭胗干也取自杨公兴。她家的烤鸭源自金陵,传说朱元璋建都南京,明太祖"日食烤鸭一只",后来烤鸭技术传到北京,从前安徽和县、南京一带制作烤鸭的店家很多。她家店里"斩"鸭子,有窍门,滚滚烫的热鸭咔嚓一刀,鸭油四溅,一分两半,再顺势切下,两个"脯子(前半鸭)"、两只"座子(后半鸭)"和软边(不带骨的部分)等,老上海烤鸭和啤酒是最佳拍档。从前听福州路上老吃客说"杨公兴烤鸭",味道好吃咯!

杨亚玲说,他曾祖父杨公兴有三个儿子,旧社会小开,现在叫"富二代",每天睡到下午起床,整日吃吃白相相,不继承父业研究烤鸭,都不到四十岁过世,手艺只传给长媳杨张英,挑起杨公兴烤鸭店重担。烤鸭店离大舞台、天蟾舞台、共舞台戏院,大世界游乐场近,那些唱戏的名角儿卸完妆都喜欢来此吃烤鸭,周信芳、梅兰芳、赵丹等,还有福州路书局里的狄平子、严独鹤等名人有时也喜欢买只烤鸭回家吃。久而久之那些唱戏的、文化人与杨老板成了好朋友,梅兰芳还送过一把"春江水暖鸭先知"的折扇给杨公兴玩。某日,最爱吃烤鸭头和翅膀的俞振飞也来此品尝,说味道不比燕云楼差。永安公司老板郭琳爽和杨家最要好,常带朋友来吃烤鸭,"文革"时,郭老板落难受红卫兵追打,穿过慈兴里从后门逃到她们店里来躲避一夜。不过,解放后的杨公兴烤鸭店公私合营转业经营豆浆大饼油条,归商业二局管理,著名老师傅章吉庆等被派到锦江饭店里做烤鸭啦!杨公兴烤鸭店失去往日的光辉,被人遗忘。如今,人们只知道虹口"广茂香"烤鸭,我想,"杨公兴"烤鸭炉火如能重新点燃,那一定是沪上烤鸭吃客们的口福了!

福(鼠)

沪上甲鱼旧事

说到甲鱼,沪人会想起每年春天油菜花盛开田野一片金黄色,风和日暖时节正是品尝甲鱼和塘鳢鱼的时光,所谓菜花甲鱼、菜花塘鳢鱼,这一对宝货获得上海老饕们的厚爱,一晃几十年过去了,现在食桌上塘鳢鱼还是受人喜欢,甲鱼呢,已经被赶下台去,现在宴席,端上一盘甲鱼,老举吃客是不大会动筷的,当下工厂化养殖的甲鱼腥气难闻,口味不佳,有的比蔬菜还要便宜,在上海要买到真正的野生甲鱼,好像有点难。

旧上海老饭店有名菜生炒甲鱼。宁波菜冰糖甲鱼的另一别称为"独占鳌头",则是甬江状元楼首创宁波十大名菜之一。据上海老吃客、我们牯岭仪表厂原厂长毛养浩先生说:"甲鱼与冰糖同炖,是一款滋补菜。色泽黄亮,绵糯润口,甜酸香咸俱全,滋味鲜美,并由于烹制时用芡汁热油裹紧甲鱼,应该趁热下筷,不过食材一定要用野生甲鱼,否则就没有意义啦!"

据传,百余年前,在宁波江北岸临江有一家小饭店,烧出的冰糖甲鱼远近闻名。一天,店里来了两位赴京赶考的举人,点了冰糖甲鱼,端上桌的甲鱼头向上翘着,读书人问,这菜叫啥名堂?掌柜的看他们的样子是赶考的,就灵机一动说"独占鳌头",食客一听,窃喜!后来果然有一人中了状元,重登甬江这座小酒楼,又点了冰糖甲鱼,吃得满意,帮这酒楼题"状元楼"三字。后来上海最早在1918年的宁波状元楼开张,1921年沪东状元楼,1922年沪西状元楼,1938年甬江状元楼、四明状元楼先后开业,都以烹冰糖甲鱼著名。

我的父亲喜欢吃甲鱼,民国年间常常到状元楼吃冰糖甲鱼,后来自己也能够烧出一款带有上海风味的红烧甲鱼,他杀甲鱼手脚并用,把甲鱼翻身,当甲鱼头伸出碰到地上时,把竹筷放到甲鱼嘴边让它一口咬住,顺势用脚踩住,用力把甲鱼头全部拉出,咔嚓一刀,接着开水烫,刮去甲鱼腹、背、脚绿黑色的带腥气的外皮,十字形开膛,挖出肠子,取出甲鱼蛋,肝洗净,做红烧甲鱼整只烧煮熟后把甲壳取下,放入葱、姜、酒,文火焖烧到酥,最后放红酱油、调料、葱、冰糖收膏。甲鱼壳可以随着甲鱼一起多烧些时间最后捞出,可以把壳里养阴清热、平肝熄风的滋膏融煮出来,使红烧甲鱼更有滋补作用。当然清蒸甲鱼也是上海人喜欢的。甲鱼选材最佳在一斤到一斤三两左右,太大太小都不合适。

记得我在江西新余插队务农时,甲鱼无人问津,两三角钱一斤,江西农民习惯不吃甲鱼和鳝鱼,说是骨头多,不合算,冬天清塘抽干塘水,鱼抓完后,甲鱼全部遁入泥里隐藏,农民拿锄头在泥里翻挖,大概可以挖出十只大小甲鱼。春秋天钓甲鱼用根粗针,钓线绑在中间,放块新鲜猪肝包裹,甲鱼闻到猪肝香味,大口一咬,直吞下肚,甲鱼被针卡住被捉。

1971年春节前,我从山村半夜摸黑穿过一大片坟山,心里吓势势,还算幸运,没有出门见鬼,走了五个小时,清晨来到袁江边一个古镇集市里买到十几只野生甲鱼,价格是六角钱一斤,每只甲鱼的重量在一斤半左右,最大一只老甲鱼是三斤七两,据农民说是在一个车干水的小湖塘里挖到的,都藏在泥里冬眠,带到上海,我父亲太开心啦,养在瓮里,放些米粒,客来取出清蒸、红烧,一个难忘的甲鱼宴的春节。

我在宜兴听到有个捉甲鱼的高人,他只要在河塘边一站,仔细观察水面情况,看到甲鱼在水里冒出的水泡,就能够下水把甲鱼摸上来,百发百中,都是野生的,上海食客都驱车去他那里买,几百元一只。那位宜兴捉甲鱼的朋友告诉我如何辨别野生和养殖甲鱼。野生甲鱼因为生长在河里、湖里、水沟等各种自然环境里，甲鱼的品种不一，大小、形态各有区别，所谓杂七杂八的，甲鱼背上有青褐色、土黄色、老黑色，上有各种深深浅浅的斑色，甲鱼肚皮的色彩也不一样，有灰白、有青白等。野生甲鱼行动敏捷，凶猛，瘦劲像帅哥一个，眼光有灵气。养殖甲鱼，养尊处优，好吃懒做，不爱活动，整体形态肥厚笨拙，拉它的脚趾伸缩无力，背色黑绿、黄绿、绿苔色，有一股奇怪的腥味。

吉祥如意（附边款）

上海人与黄婆鱼

从前上海人吃大黄鱼不稀奇，现在鱼市小黄鱼多得是，但你要找到一条野生大黄鱼一定是棘手的事，现在市面上养殖的大黄鱼卖相蛮好，一不留心，你真还以为是从前的大黄鱼呢？养殖的大黄鱼价格便宜，吃口不佳，鱼肉发滞、发腻、粉质，这样的"大黄鱼"还是少吃为妙！

从前听老上海拉黄包车的车夫说，民国年间他们拉黄包车、踩黄鱼车的工人喜欢吃东海一种叫黄婆的鱼，因为这种像大黄鱼的"黄婆鱼"价格非常低廉，几个铜板可以买好几条黄婆鱼，比咸菜还要便宜，从前沪人都爱吃大黄鱼，那年头海里有的是大黄鱼，谁还会去吃黄婆鱼呢。

上世纪五十年代，上海人可以天天吃色泽蜡黄蜡黄，一条条像24K黄金，在日光下闪闪发光的大黄鱼，两毛钱一斤，后来几年食品匮乏，只见鱼摊上随大黄鱼捉来的小黄鱼，小杂鱼中有几条像大黄鱼一样的鱼，我外婆说，唉！这就是"黄婆"，黄鱼的外婆。我一听，大笑，鱼怎么会有这样的名称啊！老吃客认为黄鱼（黄花鱼）鱼味鲜美，肉嫩滑且肉质呈蒜瓣状，黄姑鱼（黄婆）肉质较松粗，鲜美嫩滑程度远不及黄花鱼。那年头有大量的大黄鱼上市，黄婆鱼不受人重视。与大黄鱼同类的有白姑鱼、黄姑鱼、梅童鱼三种，鱼头里都有白色的"耳石"都属石首鱼类。黄婆鱼体长略侧扁，背部稍隆起，鱼体长20厘米左右，头小，尾部短，两侧浅黄色，胸、腹等部略带红色或浅橙黄色。黄婆鱼初夏繁殖期，近海多见，秋冬到较深海域或南下过冬。

我的同事老宁波陈爱菊说，从前上海咸瓜街里黄婆鱼很多，宁波人比较节约，黄婆鱼便宜，买回来曝腌后与毛豆烧在一起，交关下饭，味道交关鲜啊！其实黄婆鱼肉质也细腻味鲜美，油炸、清蒸、红烧皆宜。关于咸瓜街，有人望文生义说那里是卖咸黄瓜的一条街，我特意请教了上海文史掌故专家薛理勇先生，他说："咸瓜街一带从晚清起一直是最大的水产市场，那里是福建帮的势力范围，泉漳会馆设在那里，福州、厦门那里的饭店菜谱中经常可以看到'松鼠黄瓜''糖醋黄瓜'的菜名，其实，福建人所讲的'黄瓜'并不是蔬菜中的黄瓜，而是上海人讲的黄鱼，这'咸瓜街'就是咸黄鱼市场。于是街名也就称为咸瓜街啦！"

原籍福建侯官（福州）的大学问家梁章矩的《浪迹丛谈》中记，黄鱼大量上市时正是黄瓜上市的季节，由于黄鱼和黄瓜是同时上市的，于是被叫"黄瓜"或"黄瓜鱼"。

如今大黄鱼已经成为美食中的奢侈品，2011年在江苏太仓鱼市，一条6.3斤的野生大黄鱼拍出了16.1万元的天价。另外两条3斤左右的野生大黄鱼，也拍出了每条2万元左右的高价。近日，我在沪上菜场买到两条野生黄婆鱼，刚刚从海里捕来，色泽新鲜，拿回家把鱼身斜划几条刀痕后用少许盐曝腌一夜，次日放冬笋片清蒸，一尝，肉嫩滑美，味道鲜得不得了，寻味到几十年前我们常吃的大黄鱼的丝丝感觉。

老上海的几种饼

上海人喜欢吃饼，日常点心大饼、葱油饼等深受市民喜爱，从前劳苦大众几只大饼配一杯茶可以应付一餐。

记得儿时，大饼摊上每到下午三四点钟可以买到老虎脚爪，这种老虎脚爪的点心来自江苏盐城，当地称为"金刚脐"，传到苏州、上海后，有人发现真像老虎爪子。小朋友最喜欢，正面突起六个尖状物，颜色呈焦黄，咬一口，外脆内软，带甜味，略咸，有一股碱水香味。曾听石库门亭子间里踩三轮车的周老伯讲，他们肚子饿就喜欢买两只老虎脚爪，吃完脚头有力，踩起三轮车来飞快！

其实，从前盐城人喜欢把老虎脚爪浸入羊肉汤里泡着吃。沪人喜甜，上海师傅改良，在老虎脚爪表面刷了一层糖水上色，吃起来有点甜。据说，老虎脚爪碱性足，能够帮助消化，江南人常犯胃气痛，只要弄只老虎脚爪吃吃，胃痛马上好转，看来是有点科学道理的。

我喜欢吃常州风味点心蟹壳黄，有咸有甜随君意，形似蟹壳香脆酥，旧上海，蟹壳黄与生煎馒头是黄金搭档，王家沙、大壶春、吴苑饼家店门口竖着一个烘缸，另一个是平底煎盘炉，有人赞蟹壳黄曰："未见饼家先闻香，入口酥皮纷纷下。"做蟹壳黄的师傅说，蟹壳黄和面有讲究，加水时要放入素油，还要把糖料和精盐掺了少量面粉用油搅拌成甜咸酥油面酱，做时，小面团中根据需要包进不同口味的酥油面酱，洒上相当多的白芝麻，放入烘炉里微火熏烤，出炉时滚滚烫、喷喷香，咸的是葱油、鲜肉、蟹粉、虾仁等,甜的有白糖、玫瑰、豆沙、枣泥等。烘出的蟹壳黄才是传统好吃的老常州风味。

徽州的蟹壳黄又称火炉饼,馅是干菜和猪肉丁,经火炉烤熟后,味道不错的。有首白话诗是这样描述徽州蟹壳黄的:"三个蟹壳黄,两碗绿豆粥,吃到肚子里,同享无量福。"我在浙江衢州古镇上吃到一种包着干菜的小烘饼,外面洒满芝麻,样子真像上海的蟹壳黄,吃口香脆鲜咸。

早年上海老茶馆里茶客提个鸟笼上茶楼,坐定,泡壶好茶,买张申报,弄几只楼下送上来的蟹壳黄填填饥,散散心,聊聊天,那是上海滩有闲一族每日生活的开始曲。

羊年春节,有朋友送来一包点心,我打开一看,这不是我们小时候常常吃的"鸡子饼"吗?朋友说这是正宗的老上海鸡子饼,鸡子饼又名小凤饼,广州名点,传说是清代咸丰年间,广东顺德人小凤巧制。民国时,广州成珠茶楼中秋月饼滞销,师傅把制月饼的原料按小凤饼的方法制作,用搓烂的月饼和猪肉、菜心混合为馅料,再加入以南乳、蒜茸、胡椒粉、五香粉和盐,烘制出咸中带甜、鲜、香五味杂陈的"成珠小凤饼",小凤饼形状像雏鸡,故名"鸡仔饼"。现在上海一些食品店卖缺少猪油的鸡子饼,口味走样,入口木渣渣,毫无香味和肥肥的感觉。我拿起这位朋友送的鸡子饼一咬,真像打开一座香料宝盒,异香满口,滋味浓郁,饼里的那块猪油鲜味绽放,丰腴肥美,妙不可言,让我寻味到了老味道的感觉。

现在市面上酒酿饼是难得一见,春天花开时节,最宜做老上海酒酿饼,吾听吴江美食家蒋洪先生说,上海的酒酿饼从苏州传来,这里有个故事:苏州人有寒食节吃"救娘饼"的习惯,元末,苏州名士张士诚误伤人命,带母出逃,恰逢寒食节,无处弄到食物,老母饿晕,张士诚见状泣不成声。有位老伯见张孝子可怜,把家中仅有的几个酒糟做的饼给张士诚的娘充饥,张母得救,后来张士诚在苏州造反称王,想起当年救命恩人,下令寒食节吃酒糟饼,名叫"救娘饼"。后张士诚被朱元璋活捉,自尽。苏州人不敢把那种饼叫"救娘饼",改叫"酒酿饼"。

我们从前吃的酒酿饼好像都无馅子,饼色淡,外观朴素,扁饼中央有个凹洼,有点像我们做酒酿中间那个凹洞。外婆说,吃到酒酿饼的时候正是江南苏州、昆山一带桃红柳绿、烟雨濛濛的春天来啦!酒酿饼有荤、素两种,素的有玫瑰、豆沙、薄荷等味。酒酿饼以热食为宜,甜肥软韧,淡淡的酒酿的甜美清香的气息。

现在的小囡大概不知道"梅饼"是何食品?其实,梅饼不是我们寻常说的饼,这是一种用梅子制作的儿时零食,样子像一枚铜钱,扁扁薄薄,粽褐色,一分钱买两片,味道有点像盐津枣、陈皮梅,甜甜酸酸。这与现在用整只梅子去核做的"梅饼"又不一样。上海人烟纸店里买的梅饼是用梅子去核加面粉压制成的,有生津止渴、开胃解郁的功效。

老上海采芝斋有买苏州传统名点木渎枣泥麻饼,外酥内绵,松软香甜,老人最爱,色彩金黄、麻仁油亮。里面货色不少,满饼是芝麻,内藏甜枣泥,还有松仁玫瑰花、糖渍猪板油、蜜制玫瑰花、青梅格卤、麦芽糖浆,苏州小吃就是讲究细节,做麻饼,用吴猪板油、苏州玫瑰花、山东黑枣、东北松仁、苏南粳米、自制麦芽糖、浆皮面团制作,馅料准备、包馅、上麻、烘烤等32道工序而成。在那食品匮乏的岁月里,能够吃上一小角苏州麻饼是件开心事,现在麻饼的味道早已被沪人渐渐淡忘。

上海羌饼和大饼一样名气大,这种回族点心是沪人早餐常常吃的,羌饼咸香,有硬羌饼和油羌饼两种。硬羌饼干硬,无油水,极有咬劲,很耐饥。油羌饼松软,油分足,外脆里软。现在的羌饼做得太薄、太油,芝麻洒得太少,用机器和的面没有从前手工和面到位,恐怕用精制油制作出来的羌饼不太灵光,羌饼油腻腻的,味道缺少了来自西北风味的那份浓厚的层次感和大漠荒野的朴实感?

上海水果忆旧

旧时沪上水果店看不见反季节的果品，春天枇杷、夏日西瓜、秋来柑橘、冬有苹果，四季分明，好像头势清爽。小囡伤风咳嗽，外婆买只生梨挖去梨芯加点川贝、冰糖炖熟后趁热吃，孩子咳嗽就好。

过去过年，竹网篓里面盛放的是苹果、橘子、生梨，一串香蕉拎在手里，蛮有腔调，是沪人走亲戚必备的"重礼"。往昔，吃水果是奢侈事，买几只水果装在纸袋里，带回家里，小囡开心。后来，竹篓变成透明塑料袋，水果拎在手里，更加风光，现在这些包装物只在人们的记忆中。

老上海人吃什么水果呢？查阅资料，宋代，上海果树有桃、李。明万历年间，出现成片桃园。民国，上海县果树有"桃、柿、杏、梅、李、橙、香橼、代橘、石榴、花红、葡萄、银杏、枣、菱、无花果、樱桃、郁李、橘、金橘、枸橘、梨、木瓜、胡桃、橄榄、香蕉、麦李"。申城夏天最佳水果是水蜜桃、平湖西瓜、三林塘浜瓜。民国桃子品种有：水蜜桃、毛桃、李光桃、蟠桃、五月桃、黄桃、黑桃、玉露桃、奉化蟠桃、南京桃等，以龙华、吴淞所产水蜜桃品质最佳。听老人讲，清光绪年间卖水果的先有摊贩和批发行栈，后有商店。光绪三十年在南京路首开义兴水果店。从前卖水果的小贩很多，挑着两筐水果穿街走巷叫卖。抗战胜利后，花旗蜜橘畅销沪上。

曾记得，我小时候吃过一种"木梨"，梨小肉质粗木不甜，原来清代光绪《宝山县志》有记载：当地产梨，俗称"木梨"。不像现在的生梨甜嫩多水，我喜欢吃梨，微微带酸的天津雅梨，外表粗糙，爽脆清肺的山东莱阳梨、吃到梨芯亦无酸味的安徽砀山梨。晚上，无线电旁听书嚼梨，生津润喉。

看望病人切不可送苹果（沪人忌讳"病故"二字！），送梨，有"离"的谐音，也不妥当。送橘子代表吉利。送甘蔗，口彩节节高，说到甘蔗，旧时水果店常把甘蔗削皮去节，劈成长方形一小块一小块的装在纸袋内，一角钱一包，服务到家，斩下来的甘蔗节两分钱一袋，卖给小孩解解馋。

某年初夏，苏州亲戚送来东山镇红沙枇杷一箩筐，吃不完，外婆教我们做"枇杷冻"，她把枇杷剥皮去核，用刀切碎和以糖蜜加水小火煮烂纱布沥取其汁，加入蒸融了的石花菜（俗称琼脂），再煮几分钟后盛放瓷碗内，冷却后倒扣在白瓷小盆里，"枇杷冻"色橙黄很亮丽，食之，一股枇杷特有的清香，穿透心脾，这是吴人巧手做的水果甜点了。

从前我在新昌路祥康里老弄堂尝到姓陈的广东人家做的"荔荷鸭"味道不错，做法：壮鸭一只，宰洗调味腌一下，剥荔枝十几枚，去核，放在鸭下，上面盖鲜嫩荷叶，大火烧开后再用文火清炖。汤汁，荷叶清馥，荔枝甜香，鸭肉鲜嫩。陈家还有"香蕉饭"：香蕉两只捣烂，加糯米、猪油、桂圆肉蒸熟，味道胜过上海"八宝饭"。有兴趣的老饕不妨一试。

关于水果，我舅舅说：橘子皮黄者甜，皮红者酸，皮宽松易剥者甜，紧皮难剥者酸，橙子皮红者甜，皮黄者酸。葡萄与檀香青橄榄同嚼，食毕，甘留舌本，妙不可言。橄榄与栗子同嚼，有梅花香。香蕉忌与芋艿同食，食则致病……

1965年我住在淮海路长春食品店后门的外婆家，到店里买食品直接走后门，卖水果的店员都同我们弄堂里几个小孩熟悉，那年头也有"开后门"的习惯，暑天，平湖黄瓤西瓜是热门货，常常是瓜还没有到货，消息走漏，队伍排得老长，卖西瓜的老林师傅眼睛眨眨常常把卖相稍微难看的大西瓜，两分钱一只，卖（送）给我们啦。苏州运来的新鲜百合也在长春食品店里水果柜上卖，少见之物，突然运到了两筐，排队，一会儿就抢光。

说到暑中啖瓜，黄金瓜、白梨瓜、青皮绿肉瓜这三种香瓜五分钱一斤，是上海小赤佬最喜欢吃的解暑水果，记得从前的"黄金瓜"特别甜，早在明代正德年上海已经种甜瓜"有青、白、花斑三种"，民国时期，上海郊区种植主要有黄金瓜、海东青、亭林雪瓜等。1950年种植面积较大的是十条筋黄金瓜、海冬青、蜜筒瓜等香瓜品种。

"文革"中，我父亲曾在阳台上种过几株青皮绿肉瓜，几条藤蔓长了十余只小瓜，熟透，我偷摘一只先尝为快，削皮一咬，嘿！酥、甜，香味直透心田，至今难忘！

心无挂碍

食桃忆旧事

桃子，小说《西游记》里带有仙气的长寿果，有养颜、和胃、润肺等功效。沪人最爱。水蜜桃，色艳、皮薄、肉软、汁多，无锡阳山、浙江奉化、福建穆阳、山东蒙阴、成都龙泉等地都产。曾听我外婆讲吴地老话："桃饱李伤人"，夏日桃子，适合老人食用，但因含糖多，老人不宜多吃，新鲜桃子果肉与核相粘连，假如掰开桃子，果核跌落，口味不佳！暑日，上海"南汇水蜜桃"开摘，水果店的红红白白的桃子清一色地写着"南汇水蜜桃"，真是满街都是南汇桃，真假"猴王"谁能挑？老吃客干脆自驾车去南汇果园买整箱桃子送人，成为夏季人情一道时尚节目。这沪产南汇水蜜桃正好应了我的朋友上海名作家马尚龙老师大作书名《上海制造》，货真价实！

记得旧时上海人只相信"无锡水蜜桃"。就好像从前苹果要买烟台苹果、生梨要买山东莱阳梨、栗子要买新长发良乡栗子……时过境迁，如今，无锡水蜜桃在上海已经失宠！只留下一句拷贝大走样的市井老话，"江阴强盗无锡贼（江阴强桃无锡蚀）"，原意是从江阴贩来（沪语"强"，便宜）便宜的桃子拿到无锡去买，大大蚀本，因为旧时无锡水蜜桃比江阴桃便宜。

明代，上海水蜜桃在龙华、南汇等处产地就已享有盛名，旧时龙华一带"皆种桃为业，一望霞明，如游武陵源里"，誉为沪城八景之一。据说，清乾隆后期，水蜜桃栽种转移到上海县城南黄泥墙一带。我家旧藏一册清人褚华著《水蜜桃谱》,专门讲的是上海水蜜桃。可惜在"文革"中散失。谱中记载:"水蜜桃,前明时出顾氏名世露香园中,以甘而多汁,故名'水蜜'。其种不知所自来,或云自燕,或云自汴。"(清)张春华《沪城岁时衢歌》:"水蜜桃推雷震红,闻雷见一晕红浓。露香园种今难觅,都向黄泥墙掷铜。"

我听园艺家的父亲讲,"无锡、奉化、还有日本著名的'岗山白、大久保、白凤'等桃子品种,美国名牌桃子'爱保太'和'红港'这些好吃的水蜜桃其实都是在晚清从上海水蜜桃苗种引种过去的。1954年,莘庄乡园艺农民柳四根从华泾截取水蜜桃老树枝条,嫁接于陆昌庙桃园十余株桃树,所产桃色美味佳,市上称为'陆昌桃',汁水多,味道交关赞!"

据南汇老农说,"南汇水蜜桃"在解放前规模种植的有:盐仓绿园、惠南卫家桃园、周浦怡家桃园、介家桃园、永定寺桃园、账房桃园等处,另外一些农民在房前屋后零星种植,截至1949年区内植桃约200余亩。现在南汇地区已形成了以大团蜜露、新凤蜜露、湖景蜜露为主的良种体系,现在有上海特色的南汇水蜜桃正向绿色果品、有机果品的方向发展。

成语"投桃报李",喻互相赠答,礼尚往来。"桃李不言,下自成蹊",桃树和李树低调不张扬,春天开花,赏花人群踏出条条小路,尽情欣赏到桃花、李花的风采。庭院中不宜种桃树,桃花花期短,民间有"桃花薄命"之说。民俗以为桃木有法力,桃木避邪。家种桃树,主邪灾多。家种桃树主逃荒要饭的。这是因"桃"与"逃"谐音相同,这些都是迷信的说法了!

某年春天到四川、重庆游,我舅舅说当地梁山里有个桃花洞,每年桃花开时,洞口小溪里会出现一种"桃花冰雪鱼",溪鱼头上长有红骨一片,好像桃花花瓣,艳丽灵动,可是到桃花零落随水漂时,那鱼头上的红色鱼骨也会隐去。可谓奇哉!

四月桃花开,苏州传统名菜"松鼠鳜鱼"应市。唐人句"西塞山前白鹭飞,桃花流水鳜鱼肥"。鳜鱼又名桂鱼,制做形似松鼠的鳜鱼。据传乾隆皇帝曾至苏州松鹤楼菜馆用膳,厨师用鲤鱼在鱼肉上划花纹,加调味腌,上蛋黄糊,入热油锅嫩炸成熟后,浇上熬热的糖醋卤汁,形如松鼠,外脆里嫩,酸甜味美。后来吴人改用鳜鱼做成"松鼠鳜鱼"。这是桃花盛开时值得享用的一道美食。两点注意:一、最好用太湖野生鳜鱼烹制;二、外婆家小菜锅里无法做,因为需要大油锅炸鱼!

品味典藏(马)

橘子旧闻

旧时美国"花旗蜜橘",名闻海上,抗战后期,日寇侵入上海租界,"花旗蜜橘",市上罕见,据说"花旗蜜橘"若有,一块银元一个,平民根本不敢问津,中医大家陈存仁讲了个故事蛮有趣:老上海南京路(大英大马路)有家升发水果店,这个老板每天要吃四个"花旗橘子",所以他把数十箱"花旗蜜橘"寄藏在茂昌冷库中,准备自己享用,后来当时的中央储备银行行长患伤寒症,想吃"花旗蜜橘",发现升发老板私藏好多箱,用钱用势力威胁他出让,结果以每箱(纸盒一盒为一箱)100美金成交。

上海人喜欢吃的"天台山蜜橘"以个大肉厚、汁甜核小而驰誉遐迩。天台山蜜橘,遍植全县各地。自平镇花墅至城关北门飞鹤山一带三十里铁质土岗低阜,适宜此蜜橘生长,此间出的蜜橘最甜。据说海派书法家刘介玉,号天台山农,浙江黄岩人氏,民国年间沪上写字招有名,他看见上海花旗蜜橘卖得火热,脑子一动,退隐天台山里买地种橘,深秋,他把橘子运到上海推销,并在沪上报纸大力宣传,沪人皆知天台山蜜橘最好吃,生意好得火爆,上世纪五十年代我只晓得天台山橘子好吃,皮薄汁多甜似蜜。

从前,我在江西时,赣江支流袁水边的橘林无边无际,每当橘子花开色白一片,蜜蜂嗡嗡,浓香郁郁,十月,袁水边的橘子熟啦,看橘子洲头,层林尽染,一片金灿灿,橘树枝头沉甸甸,新摘橘子八分钱一斤,我购十斤带回。江西蜜橘,宽皮汁多,琼浆味甜,藏到过年都不变色的。

古人云:"橘生淮南则为橘,生于淮北则为枳。"其实是古人观察不周,造成的误会,橘与枳都属于芸香科植物,但不同种,我想,若把橘树移种在淮北,可能甜味会差些,橘还是橘。橘不会变成枳。江西山农种枳树,别名臭橘、枸橘李、枸橘,花香甚烈,7～9月采未成熟的果实,切成两半或切丝阴干入药,名为枳壳,治胃脘胀痛,消化不良,为治气滞胸闷要药。

我国南方柑橘叫大橘,谐音"大吉",过年走亲访友都喜欢带橘子以赠,图个吉利,老上海过年家里必备橘待客,买的是苏州洞庭山橘、天台山蜜橘、黄岩橘,当以福州福橘最佳,皮薄、色红、汁多、味甜,风味独特,寓意吉利。深秋游闽江,但见闽江两岸层层绿树,枝头满挂红果,色彩斑斓绚丽,俗话说,闽江橘子红,天下太平时。

挑选橘子色越黄味越甜,色红者有些是酸的,皮宽松者汁多味甜,底部捏起来感觉软的,多为甜橘子,捏起来硬硬的,一般皮较厚,吃起来口感多半较酸,皮紧绷者橘易酸。挑选橙子色越红味越甜,皮越薄汁水越多,色黄橙子味常酸。无论橘子橙子,现在买橘买橙,凡皮上有一层闪闪发亮,红得古怪,摸之粘手的膜,你就要当心啦!

从前在苏州亲戚家吃到"蟹酿橘",用一只大甜橘截顶挖瓤,留少液,把蟹膏肉放入橙内,加调料,盖好带枝叶的橘顶,入瓮蒸之,这是用橘、橙古法制作佳肴了。

我的绿茶地图

　　旧时上海人家里来客,主人要做的第一件事就是拿出茶叶罐、印花玻璃杯,从竹壳热水瓶中倒水沏茶待客,简单实用,冬天多用红茶,其他季节则用绿茶,至于现代人喜欢饮南方半发酵的乌龙茶、发酵的普洱茶,忙忙碌碌不停地泡茶斟茶,还有一道道泡茶工序繁琐复杂,那是女孩子的茶艺活儿,也是近 20 年来在上海流行的最新时尚饮茶之乐,从南国传来的品茶新习惯,记得从前沪上石库门里好像不常看见这种品茗方式。

　　朋友们知道我喜欢喝绿茶,常常从外地山里带点绿茶给我试尝,我的书斋里经常蓄着一些好绿茶,什么六安瓜片、苏州碧螺春、信阳毛尖、庐山云雾、太平猴魁、安化银毫,收藏茶叶多了,吃不完,就送人,有人告诉我说,来不及吃的当年新绿茶要放在冰箱里保鲜,今年清理冰箱冷冻室发现去年存着的一些绿茶还没有拆封,也有几千元一斤的名贵绿茶……

　　某年,我随家父去吴地亲戚家玩,楼梯爬到三楼,我们坐定,主人讲话实在,他用软糯的苏州话问:"阿要泡杯茶?"我父亲连忙说:"勿要、勿要。"其实我们一路走得累,嘴也干啦,因为客气,我们结果一杯水也没有捞到喝,清坐一小时,下楼出门,主人送客作揖说声"再会"时,突然问道:"你们阿要吃了中饭回去?"现在回想,嗨,主人太客气啦……

　　沪上书画篆刻大家刘一闻先生亦喜欢品绿茶,到他的书斋作客常能品味到上好绿茶,他说,河南信阳毛尖,色泽翠绿,白毫遍布,泡后汤色明净,味清醇厚,饮后回甘在喉,丝丝板栗香味,经日不散。某日,刘一闻大师赠我两小袋湖南产"白露毛尖"绿茶,叮袋上印着"为人民服务"五个大字,叮嘱我,这茶你要自己喝,回家后,我迫不及待地拆开为我服务吧,一股荒野清香气息扑鼻而来,叶芽细微,色嫩娇青,叶毫淡雅,有点像青铜器上的铜绿色泽,泡上一杯,呵呵,眼前,一泓碧水,绿云沉底,小小玻璃杯中玉洁冰清,渗透着几丝翡翠绿,白毫上下,泛着银光,这分明是一件现代装置艺术,真有点舍不得喝,细细品味,香高味醇,绝对能与西湖龙井媲美的!

说到龙井村、龙井茶,这是上海文化人士喜欢喝茶的朋友最爱光顾的宝地,清明节前去最宜,明前龙井产量很少,产于杭州九溪十八涧、梅坞、翁家山、狮峰一带的绿茶都叫龙井茶。新茶当以龙井眉茶最名贵,叶细长尖,若女士之眉,干后像牙签一支。民国时沪上中医名家陈存仁先生说:"曾去龙井村二次,四周皆山,清香四溢,采茶少女,风姿嫣然……"他"在龙井品新茶,浅饮一二杯,即觉喉清吻润,舌本留香,津津有味,真有两胁生风之乐也!"

每年三、四月间全国各地喝绿茶朋友涌去龙井村品茶买茶,我的好友应明森兄带我们到龙井村L先生的庭院里品味新摘炒出的龙井茶,是日惠风和畅,尘心尽涤。正午,当主人端出自家腌制一盆风干咸肉,用龙井茶叶炒的"龙井虾仁",再加几碟山间野菜,一碗白米饭,真正享受到杭州山里的农家乐美食。饭后每人买了些"性价比高"的"龙井茶叶"回沪。聪明人都明白,其实真正的狮峰明前龙井茶,就像阳澄湖大闸蟹,非吾等草民所能品味到的。做人要难得糊涂!去年春,我随新民晚报编辑曹正文老师去浙江磐安山里采风,春日,海拔近千米高的山村,一片绿茶嫩芽沐浴在云雾雨丝中,空气湿润,闻到阵阵新茶香味,还有野生兰花的浓郁馨香,这里盛产"龙井茶",价格不贵的雨前新茶,茶农说,此地高山龙井茶绝不比杭州西湖边的龙井茶差,机不可失,赶紧买了几斤,回家一尝,浓香鲜洁,味胜西湖龙井,好像古玩捡到漏,开心!

沪上名作家马尚龙老师也喜欢品绿茶,他认为:"好的绿茶茶汤浓醇爽口,可以养胃,可以提神,可以醒酒,绿茶有降血脂、抗衰老、防龋齿的药用功效。有时创作文章写到夜半,眼皮打瞌冲,昏昏沉沉,来一盅明前龙井绿茶,立马神清气闲,思绪大振。绿茶口味平淡涩嘴者,多为粗茶老茶陈茶。观察茶叶经冲泡去汤后留下的叶底,可以分辨出茶叶老嫩、整碎、色调、匀杂、软硬等品质好坏。"

昨天我同马尚龙先生一起喝茶,讲到茶,他说:"关于中国文字茶与荼,一个念 cha、一个念 tu。两个字之间差一笔,中国的文字水太深,虽然只差了一画,但是意思却相距甚远,哈哈! 有些意思你我二人从来不懂!"

每年深秋,邀三四友人同去苏州天平山坐看红枫是一件最写意的事,枫叶经霜,红灿若花,此时围坐在天平山上白云亭钵盂泉方桌旁,僧人煮茶饷客,一杯碧螺春茶,钵盂泉水沏成,听枫涛叶落,观茶沸蟹眼,品绿茶,赏红枫,洵为人生至乐!

吾友,上海印家宜兴人氏李唯兄,曾刻一套数十方茶文化印,他补充茶文化轶事几件以飨读者,聊助雅兴:碧螺春茶产太湖边洞庭山,由于茶树与果树间种,碧螺春茶叶具有特殊的花香味。据记载,此茶叶早在隋唐时即负盛名,传说清康熙皇帝南巡苏州赐名为"碧螺春"。此地常年得云雾气,茶味清醇,色泽碧绿,拳曲如螺,故名。价格从过去十几元一斤涨到三千元一斤,涨幅惊人。

虎跑泉水清冽醇厚带点甘味,据《杭州志》记,清代康熙年间有人装一杯虎跑泉水慢慢地放进康熙铜钱二十多枚,杯水渐渐凸出,不溢出来,堪为奇哉!

早年郁达夫曾住杭州"风雨庐"小楼,面对西湖堤岸,春日赏花听雨之时,客来,叫人汲取虎跑泉水,燃松枝煮龙井新茶,这是旧时文人雅士的逸兴了。

至于小说《红楼梦》里妙玉对林黛玉讲:"有五年前在玄墓蟠香寺住着时收梅花上的雪水一瓮,埋在地上,今年开出来冲茶喝,这是喝茶喝到极端奢侈的境界啦!"

成人之美

(附边款)

糖炒栗子旧闻

　　橘黄、菱紫、藕白、枫叶红，金风凉爽时节，上海人持螯赏菊，食蟹之余，还能闻到街头糖炒栗子那一缕飘香的青烟……糖炒栗子早在北宋已为美食。寿山田黄石中有一款色曰："熟栗黄"。香烟牌子里有一图：深秋，弄堂口摆良乡栗子摊，有留声机配乐助兴招揽食客。上海老吃客能从炒栗子飘来的香味中辨别出是否真正的"良乡栗子！所谓"闻香识栗"。沪上"新长发糖炒栗子"名气第一，店就在延安中路成都北路口。从前我住在外婆家，到巨鹿路菜场卖菜，顺便去新长发买包栗子回家，又糯又香又甜，常在记忆中！弄堂儿歌："糖炒栗子刮刮叫，吃得宝宝哈哈笑。"秋冬季节的檀香橄榄和糖炒栗子为沪上时令食品。

　　我有个朋友1964年曾干过一年炒良乡栗子的活，他是老上海"某某大王"的富二代，里弄"社会青年"，分到炒货店里工作。某日，他炒栗子时随便剥吃了几个，师傅看见，严肃地批评："小青年，店里的东西不可以随便拿来吃！"那朋友一听来火啦，大声回敬说："我家从前可以开你们这样的店好几百爿，吃几个栗子算什么呀？"说着，把铲子往地上"哐噹"一扔就辞职不干啦！他告诉我，"良乡"是京郊房山县的一个集镇，上海的"良乡栗子"产于河北迁西县和遵化、承德等地，栗子水分少，粒粒饱满，入水即沉，色泽红艳、糯质松软、甘甜芳香，适合上海人口味。良乡是栗子交易集散地，故称"良乡栗子"。那位富家弟子还说"炒糖炒栗子的活很辛苦，栗子要一粒粒挑拣过，坏的、霉的、瘪的都要剔除，从前商家重信誉,坏的栗子一粒都不能卖出去。栗子要先浸水后加饴糖和粗砂炒之,烟熏着眼直流泪,一天工作下来手酸得要命,还要挨师傅骂!"

栗有南北之分,北栗产于辽宁、河北、山东、河南,南栗产于江苏、安徽、江西、浙江等地。南栗早熟于北栗,中秋前后应市的糖炒栗子,大多是南方大栗子,含糖少,炒好后栗仁与栗壳衣膜会粘搭难剥。杭州满觉陇产桂花栗,栗树与桂花树混种染香缘故。南方栗子有的需要煮前先开一条口,炒熟后易剥,开口栗子炒时可添加糖味更甜。新长发的良乡迁西栗子不用开口,炒熟后壳肉自然分离,天然栗香,汁水都保存在壳内,食用时没有像开口栗子有点干乎乎的感觉。我喜欢看手工炒糖炒栗子的热闹场景,那是一种市井趣味,现在用机器电动炒栗已经失去了往日老上海糖炒栗子那种怀旧的情趣,一声叹息!

关于新长发,传说1931年,沪人钱富生夫妇先在北京路上开了一家"新发兴果品店",后倒闭。但夫妇俩又易名"新长发"重新开张,推出"桂花糖炒栗子",生意大佳,后来钱家女婿选址成都北路、延安中路口开"新长发"分店。旧时新长发"良乡栗子"炒法用料独特,颗颗饱满油亮,剥开壳脆衣松,糯香甘甜,生意好得勿得了,上海的桂花糖炒栗子就此出名,大街小巷到处有卖糖炒栗子的摊贩,附近的光华大戏院、九星戏院等娱乐场所看戏看电影跳舞的人都喜欢来此"栗子大王"新长发买几包。但是,民国年间,老上海公共租界工部局也曾接到市民关于炒栗子发生烟气污染的反映,看来那时的上海人对于环境保护也是有一定意识的。

栗子,吃口甜、糯、粉,有补肾健脾、强身壮骨、益胃平肝等功效,最好是现炒现吃,要趁热吃味道最好,栗子一冷就会发硬发僵,口感滋味差矣!栗子生食难消化,熟食易滞气,多食易伤胃,糖尿病患者少食为宜。记得在1961年自然灾害时期,上海有一种"栗子小山芋",刚出蒸笼咬上一口,粉粉糯糯的,色香味有点像吃栗子的味道和回味,很得沪人青睐。

最后再谈有关栗子的旧闻二则:民国年间上海有个叫冯叔鸾的戏曲杂志编辑,嗜好栗子,每天从家里出门上班一定要买糖炒栗子一包,在车上消遣。

民国时苏州有个美女叫金凤的,曾开一家烟馆在玄妙观前大成坊,坊口有一家卖糖炒栗子摊,因为金凤烟馆的原因,生意火爆,后来金凤老了,烟馆早已经被禁,大成坊口的糖炒栗子却名气越来越大。有好事者戏仿唐诗句:"金凤不知何处去,栗香依旧满秋风。"

品味典藏(蛇)

海派收藏

老上海田黄石轶事

　　色如金温似玉、润若凝脂结如冻的寿山田黄石绝产已久，行情日涨，目前上品旧田黄价每克动辄万元以上，福建寿山村产田黄石的水田，早已被人翻掘了无数次。近有消息说，当地石农正在把过去不屑一顾仅几克重的小粒田黄搜寻出来高价以售。

　　田黄石据说发现于明代，清人施鸿宝《闽杂记》记载：（明代）有位农人进城卖谷，因担子一头轻一头重，便顺手从寿山村稻田里拿了块被人从田里挖出扔在一边的黄石头，放在担子轻的一头，路过致仕在家的文学家曹学佺门前，曹发现这块黄灿灿的石头很喜欢，便买了下来，田黄石"遂著于时"。关于田黄行情，名印家韩天衡先生在《天衡印话》中写道："民国间，一两田黄价值一两黄金。解放初，价大跌，三两之石仅卖50元人民币，合金价半两。'文革'后期郑竹友师嘱吾刻田黄一，为其子售出，仅得人民币4元。上世纪八十年代中期，田黄一两，价值黄金十两。近时一两上好旧田黄可值四十两黄金。田黄命运50年间，潮涨潮落，时盛时衰，近似神话，故录以备考也。"

　　关于田黄石收藏旧事，明代以前田黄石通称"黄石"并不为世人所重，清代开始田黄身价剧增，当时大多数田黄从寿山田里挖掘出来后被人磨制成方章，所以现在我们在拍卖行看到有些老坑田黄石以六面方章为多数，其实浪费很多。随着田黄石以克计算，石价暴涨，后来新出土的田黄石基本上以雕薄意的随形章为多见，真可谓惜石如金！清末民初，由于战乱连年，时局不稳，田黄精品散落民间，一般人不识其珍，于是古玩经商者采取压低价格收购，再以高价出售的手段，大发田黄石横财！

听陈巨来先生说，清代文学家、阳羡词派代表人物陈维崧墓被人掘开，有位叫赵咏岩的文人见到挖墓人从墓里捡出一方寿山田黄印章，色黄湛然温润可爱，石章印面刻有阳文小篆："阳羡陈维崧其年氏图书记"共11个字，这是清代著名篆刻家许容治印，咏岩钤拓数纸收藏，且以歌咏之："词人阳羡尊迦陵，此劫难逃白骨露，昨见乡人持印来，片石蒸栗式奇古。"

抗战前，某日，昆山玉山镇上，笔者先父杨馥清从上海教书回家，在半山桥塊奥灶馆内大快朵颐品鸭面，其姐夫老药店小开李家栋拎着鸟笼带来一位刻章的人，向他兜售田黄石，问他田黄石阿要看看？听者心动，后引二人回老县前我爷爷经营旧书字画的杨家旧书店家中，来人拿出一块重约20余克润黄如熟栗，金蟾钮石章，说是刚从寿山觅得上品田黄石，后以当时米价5石成交，卖石者当场为家父刻姓名印，记得从前，家中凡有贵客来，父亲必取出此方田黄石与人共赏，并讲述旧时在昆山老家喜得田黄之美事。可是，今日审视，其实这方"田黄"我看温润不足，通灵欠佳，似非田黄也！或是寿山连江黄石，此石多裂，有粗直纹色深向两边渗出，即"九重粿纹"，旧有"连江黄、假田黄"之说，民国时此石常被人用来混充田黄石骗人钱财。

半截田黄劫后现

上世纪八十年代，旅美画家曲宗玖在美国纽约曼哈顿附近中国城内遇见借住在寺庙里的原民政府国大代表、周信芳女婿、旅美海派著名画家张中原，曲老师看见书桌上放着色如枇杷鲜黄的一方石章，包浆润泽，凝脂亮丽隐含宝光，是石约二公分见方、六公分高，奇怪的是石章顶部呈不规则歪斜形，便问主人，此是何石？答曰：这块田黄冻石是我从大陆带来的珍贵纪念之物。原来在"文革"年代，张中原家被抄，有人从书橱里搜出几方田黄石，问道："这是什么古怪玩意，黄得像金子？"中原回答：几方田黄而已。问者不识田黄，大动肝火，一边顺手拿起一块长条形田黄石，猛地往砖墙上砸去，一边大叫：砸烂四旧！只见金光一闪，恰似一个人的灵魂出窍，可怜田黄应声断成两截，碎屑四溅，之后，那段长的同另几方田黄、旧书画等通通被来人押走。中原看着地上这小段田黄残石连同被撕烂的画页被来人扔进附近的垃圾箱里，心里痛啊！夜里拿着手电筒偷偷去恶臭的垃圾里翻寻了好久才找到这半截田黄……

　　旧时，福州寿山田黄石已经是价比黄金贵三倍，文人雅士最喜欢。贵州作家王由青兄在《张道藩的文宦生涯》一书中透露：国画大师齐白石的学生张道藩也喜欢收藏名家刻的鸡血、田黄石章，大画家傅抱石曾给张道藩刻印多方：藕粉冻石"道藩学画"、青田石"思雪楼珍藏"、昌化石"宗荫室主人藏"、新鸡血石"张道藩"等。1945 年末，在重庆，有一天，张道藩与傅抱石、秦宣夫（画家）喝咖啡闲谈，其间，张道藩抱出一箱佳石：有明坑藕粉冻昌化鸡血石、白寿山冻石、黄白色寿山石等，其中有一方张道藩 1944 年冬天在贵阳用一条小黄鱼（金条）买到的寿山鸡油黄田黄石带回重庆来，张道藩拟了上联"百忍家风从小忍"，请蒋碧薇女士唱和下联，再请傅抱石刻印，边款："道公正刻，乙酉九月，抱石"。看来，民国时田黄石也不是一般人所玩得起的。

好心巧得真田黄

　　吾友沈君，古董藏家，嗜好淘宝，某日在北方一古玩市场觅宝，这位仁兄，戴着眼镜，面对成堆的赝品假货，低着头，走来转去忙活了一天也不见中意之物，正想离开，忽然，市场里一阵骚乱，叫骂声不绝于耳，走近一看，二人吵架正酣,客人骂古玩店主,你这黑良心的,花言巧语卖给我假田黄,7 000元被你骗了!店主脸色发青,浑身发抖地说:"凭良心,我卖给你的是真田黄啊!是从本地一位老画家处收购来的,已鉴定过,是真货,要退货,没门!"客人更凶,我花钱请咱们市里几个专家鉴定,结论:假田黄,是块黄冻石!再说那沈君略识田黄,便上去劝架,说:"不要吵,东西给我看看。"拿在手中翻来覆去仔仔细细地审察,薄意雕云龙方章,清代老作工,石质滋润隐有萝卜纹,无红格无石皮,包浆一看开门见山是旧石,好像是田黄,暗思,机会来了,赌一下吧?便对二人说:"石头是旧的,是否田黄我吃不准,不过,我属龙,喜欢这石,我出5 000元买下,老板再拿出1 000元退给客人,如何?"得石后,沈君回沪请田黄石专家袁慧敏兄鉴定,果然是块旧田黄!只是色泽较淡无皮少格容易被人误认为假田黄。据说目前此石已有人出价好几万。真是:从来田黄是非多;好心巧得真田黄!

上海名印家刘一闻先生说,上世纪八十年代初的某天,他父亲六十大寿,手持一张友人送的宝石花手表券说,如果放弃倒也可惜。作为长子和孝子的刘先生多么想了却父亲的心愿,可他手中仅有几十元的工资,怎么办?左思右想后他翻出家中旧藏的徐三庚刻的田黄石扁方印,悄悄到一个收购单位,找到熟人,说要卖掉这方印,那熟人拿过田黄印章一看,说要研究研究,要他等一会儿。后来店家以180元收购,这是当时出的最高价了,已经超过买表的钱了,刘先生二话没说,拿了钱就走,为他父亲买下了那块宝石花手表。

曾听沪上印石鉴赏专家袁慧敏兄说,福州有位林先生,寿山石藏家,玩石十余年家里收藏了许多上好佳石,有位朋友在他家里看到三块个体不大棱角又多的田黄石,林先生说这三块田黄是他最喜欢的珍藏宝物,多年前,他去寿山,在一个石农家里发现了一块田黄,价格也不贵,就买了下来。过了半年他又到那石农家弄到了自己中意的第二块田黄石,而第三块田黄石则是那位寿山石农老朋友又在寿山田里挖到田黄后自己送到林先生家来的,林高兴地买下来。某一天,他与友人在把玩这三块田黄石时,无意中发现它们竟然可以十分密缝地拼合在一起,这一发觉,他感到非常吃惊!后来从那位石农处问知,挖掘这三块田黄的地方居然只间隔一米多远。有人戏称它们为"田黄三兄弟"。这就印证了田黄石是由附近山上滚下来的寿山冻石经过漫长的地质年代后二次成矿经历。巧的是笔者也藏有两块黄色田坑小石能合二为一,此乃缘分所至也!

多年前,我随沪上篆刻家陆康去著名印家陈巨来先生安持精舍叩教,见巨老在方桌上刻印,奇怪的是,他把刻下的黄石粉屑装入一个小瓶里,我请教老人家,这石粉有何用?巨老说:"这你不懂的,今朝告诉你,此是田黄石粉抹伤口可以止血,民间传说田黄石研极细,久服可身轻,不过我未试过,听说而已。"巨来先生还说:旧时,大书画家李瑞清之弟李筠盫有两方极品田黄冻石,请吴昌硕奏刀,吴刻竣后不落款,李请昌硕加款,吴曰:"如此美材,何忍加以黥黵。"固请之,则于顶角镌绝小之老缶二字。

老屋寻出旧田黄

1990 年的某一天,家住沪上西区余庆路老洋房中旧时大户人家子弟,一位李姓仁兄,拿了一方六面方旧石章来我宅,说是适有长辈七十大寿,他因下岗经济拮据无力备重礼以赠,从老屋中的破书橱里寻得一块旧方石章。请我帮他雕一钮印面并刻姓名,以成好事。我答应了,当晚灯下,准备奏刀,先用布檫去石上的积尘,还有不知那年涂着的油漆,再蘸香蕉水在石头上擦了好久,奇怪?石头渐现本质,只看见灯光下的印章,宝光灿灿,石质滋润如新剖鲜橙,凝莹欲滴,橘瓤纹绵密如丝,红格殷殷,仔细分析观察,得出结论:此是块质地绝对上等而又罕见的寿山田黄石!我放下"屠刀"鸣金收兵,次日,赶快告诉那位朋友,拿回去好好收藏,后来,我送了他一方瑞兽钮冻石解决问题。前年秋,田黄石价暴涨,那位李兄笑呵呵地拎了几瓶名酒来我家说:他已把藏了十余年的田黄石章送进拍卖行,卖了好多钱!

田黄拣漏旧事多

上世纪八十年代末的某日,上海印石藏家李伟庆兄经人介绍来到曹家渡一位古董玩家周老头府上,当时屋内已有几位朋友正在喝茶谈天,周老头拿出8方旧石印章开价200元,李一扫眼,哇!有戏,金银、熟栗田黄各一方混杂其中,他便不动声色还价至100元成交。付了介绍人10元后,那位周老法师拉开嗓门讲:"小阿弟,我玩印石有年,这种石头不玩的,让给你算了,我只玩鸡血、田黄石!"李暗暗好笑,有些玩了一辈子印章的人,真正的田黄石在手中漏掉,还浑然不觉,只因旧时古玩界对田黄鉴赏讲得过于神秘,墨守成规,都认为这寿山田黄石必定是色泽黄得如金似橘皮、鸡油,一无缺点,还追求皮、格、纹齐全,殊不知,有些看来并不亮眼的"黄色冻石",却是真正的田黄石。

吾友蔡国声先生,上海著名古玩鉴定专家。某年节日,带其学生王某到外地某市一古玩商店淘宝,见柜台内陈列待售的古旧石章有许多,蒙了薄薄一层灰尘,价钱也不贵,大多几百至千元,蔡老师法眼一扫,神了!立刻注意到一方高3公分的不规则椭圆形旧印石大不寻常,拿出一看,真是百里挑一,色如饴糖,黄而微透石中隐现祥光,细纹丝丝,上有螭龙钮式,旧工甚精,拙然古味,便问该店正在半有瞌睡的伙计,这块是什么印石?那人一惊,揉揉眼一看,答曰:"是老坑黄青田石,因年代久远,边款模糊不清,印面已坏,放了几年也无人问津,所以便宜了,要价600元。"蔡老师笑笑,轻轻挥手叫学生付钱买下,出得门外,对他学生说:今日捡得大漏,可谓幸矣,这是一块清代顶级寿山老坑田黄石!好好珍藏。近日,印友王君讲给我听这件拣漏趣事,并有幸拜观到这方幸运田黄石,尺寸虽小，但黄得可爱，极有灵气！

我听上海西泠印社应明森兄说：2004年，一方清代篆刻家赵次闲所刻田黄旧石章，被人从沪上永嘉路一家小旧货店里发觉捡了漏。此方田黄重175克，3厘米见方，约8至9厘米高，石质绝佳，老姜黄色，温而莹透，格纹红中带黑，年代长久老气十足，所刻薄意山水精湛古雅，包浆滋润，滑如凝脂。名印家童衍方曾见此石赞叹不已。沪上拓边款高手、吾友印家唐存才兄曾墨拓下这方老田黄的边款，是石边款刻："道光丁卯九月第花大兄属，此钮前明名手所作，其石之精可知也，为仿汉法应制，次闲"。坊间传说，此方清代老田黄最早出现在上海某区一条老街的破弄堂内，有一天早上，人们正在忙着动迁搬家，有个收老上海古旧玩意儿（跑同子）的朋友，蹲在一堆破砖瓦前守株待兔，有人拿来一块沾满油污的黄色石头，问他收不收，买者接过石头一看，是一块脏兮兮的旧石图章，尺寸蛮大，物主说是旧屋里找到，曾听老人说这是很值钱的东西，所以开出好几千元的大价钱，那收古玩的老兄还了些价后买下后也不识是田黄，仅少许加了点钱，赚了层皮后转给了别人，最后这方上品田黄几经交行、转手流落到永嘉路小旧货店里，沉淀了下来，蒙尘许久，也无人问津。后来才被人发现最初也没有被看出是田黄。当年这方老田黄的出现曾轰动上海东台路整条古玩街。

名书法篆刻家管继平兄告诉我：有人仅花了3角人民币买到一块目前价值10余万元的田黄，这是沪上名印人陈茗屋捡的"漏"。陈先生20岁那年路过淮海中路长春食品商店附近一爿寄卖店，看见一盘什印章，标价每方3角，其中有一块1.5厘米见方、长5厘米的黄冻石章，通透灵澈如黄蜜，鲜鲜可爱，购之回家。某天，名印家叶露园见到此石，惊讶地说："这是好货呀！它是清乾隆年寿山田黄中极品。"茗屋大喜，当即请叶先生刻"推之"两字，珍藏至今。

著名印家韩天衡先生亦有眼力，他曾在北方一文物商店内看见一方上佳银桂田黄石，却标名青田石，价 600 元，便喜而获之。

梅兰芳田黄送人

近日听沪上印家李唯兄说一方田黄订交万里盟的旧事：1926 年 10 月 27 日这天夜里北京无量大人胡同 5 号梅兰芳先生家里灯火通明，此时，梅兰芳、姜妙香在演出京剧《琴挑》和《霸王别姬》，专门招待贵宾瑞典王储古斯塔夫夫妇，一折戏演毕，演员化妆。这时台上由徐兰沅、王少卿、杨宝忠、霍文元等人在合奏民乐《柳摇金》《雁落梅花》乐曲，王储古斯塔夫浏览梅府室内摆设时，却对案头陈列的一块雕有兽头的黄色石头发生兴趣，只见那物色黄晶莹，透亮如玉，王储拿在手中看了又看，仔细观赏，爱不释手，这时梅兰芳穿着虞姬的戏装出来，看到此景，知道王储是位考古学家，必定喜爱这件物品，就顺口说："你喜欢，那就拿去留作纪念吧！"当时王妃很感谢主人的盛情，说回国后要把这个纪念品珍藏起来，当作一件传家宝，以便持久纪念中国艺术家梅氏慷慨馈赠之举。说到这里，有人要问：这是什么宝贝？后来据梅兰芳之子梅绍武先生说：这是他父亲珍藏多年的一块上品寿山大田黄石，重二两。事过三十年后在瑞典皇家剧院休息室里，古斯塔夫六世握着来瑞典访问的梅兰芳的女儿梅葆玥的手，他回忆当年的事，还提到那块田黄，说他把它和自己的其他文物已全部捐献给皇家博物馆收藏，以供瑞典人民欣赏，并叮嘱梅葆玥回国后转达对他父亲梅兰芳的亲切问候。如今，梅兰芳当年赠送给古斯塔夫的这方不寻常的寿山田黄石，至今仍珍藏在瑞典皇家博物馆。

田黄石贵旧事多

上海印家涂建共有个金姓好友老绍兴，是著名书画篆刻家马公愚的弟子，说马老在上世纪六十年代时患肾疾，因急需手术治疗，但不知道什么原因却住错了医院，医疗费用不能公费报销，院方要马公愚自己掏腰包，虽然此笔医疗手术费用现在的眼光看来，金额不是很贵，但是在当年还属于令人头痛的事！马老手头也拿不出这笔手术费，情急之中，马老叫家人拿出珍藏多年的寿山鸡油田黄石印章二根，转让与人，得款急付救命钱！

上世纪八十年代，笔者有位友人，沪上文化名人后裔，单位通知他家去静安寺附近一所教堂里领取落实政策发还印章一批，知我识石，便邀请我陪同前往，办好手续，一位女青年从库房里取出些普通青田、寿山石章，半新不旧的，石质粗劣不堪，放在小竹筐里任我们挑选，我一看，当然不中意，便请求那位小同志，再从库房内找换几块黄色或白色的冻石，越透明越好，尺寸越大越好，让我们再看看，不多时，又取出许多石章，吾见有田黄二石夹杂其间，暗喜！后为物主挑得清代做工，巧色薄意雕"秋菊冷艳"扁章田黄，透润温腻格如血，色若鸡油照眼明；另一方田黄石，鲜亮似黄玉，圆雕奇兽为钮，萝卜丝纹清晰绵密，石质纯净无瑕，一看就是清代乾隆旧物。还有几大块寿山老白芙蓉双螭、龙凤等旧石章。主人欢欣不已，当晚国际饭店设宴请我大吃一顿。

在日本岐阜有家叫"坦子嘉"的百年老古玩店，在当地名气很响。多年前，名印家陈茗屋先生常去那家店玩，店里陈列着许多来自中国的旧工艺品，有些是中国大名家刻面的旧印章，老板随便拿出一方黄色的扁石章（宽1.5、长3、高4公分），茗屋一看，哎呀！石质温润可爱又通灵，竟是方寿山熟栗黄田黄石章，是陈巨来大师刻元朱文"储安平"三字。据说，在"文革"后期，申城有个上海外轮供应公司经营旧工艺品出口生意，那年头，外商来沪，只要花上一万美元，便可装上满满一卡车的"工艺品"（其中混杂有许多古玩、名家字画等上等好货）。悲哉！可怜田黄石，贱作青菜价！

据说，旧时号称"收藏甲东南"的大收藏家庞莱臣，曾用上等田黄石慕名请吴昌硕刻书画收藏印，结果因缶老治印风格气息不合庞之心意而被磨去，另请赵叔孺奏刀，方觉如意。某日，印人许培鑫听其老师陈巨来说："田黄石并非最名贵的印石，最名贵的是田绿，曾见过一方。所谓田绿也不是全绿的田石，而是田黄中有蚕豆般大小一块绿色，此石为某某人秘藏，十分珍贵。"

吴昌硕十二田黄石章

吴昌硕先生十二方田黄石自用印，经历九死一生之遭遇，重见天日的旧事，听来令人感慨不已，这是缶老曾孙、吾友沪上名书家吴超先生说的旧事：1952年他祖母患重疾，医病缺钱，家里虽有许多字画，但又不忍变卖，这时，他父亲吴长邺的同窗好友上海正泰橡胶厂董事长、兰花专家刘汉麟先生送来巨款以救燃眉之急，他祖父吴东迈捧去刘家一盒十二方田黄石，汉麟当然不肯收，东迈执意将石留下，说等我有钱再来取吧。多年后"运动"将至，作为资本家的刘汉麟说田黄石放在他家不妥，硬是送还吴家，东迈先生对其子吴长邺说："等运动过后再把田黄送回刘府。"之后，"文革"开始，吴家被抄，旧藏名家书画大多被撕毁，家人将几麻袋"废纸"分数次送到雁荡路废品回收站排队出售，共690斤，每斤1分，得币6元9角补贴家用，这盒十二方田黄石当然是造反队凯旋的战利品了。"文革"后期，长邺先生写信给市里及西泠印社等有关部门，四处打听这盒田黄石的下落，但是石沉大海，杳无音讯。有人说东西在上博或友谊商店，吴家请熟人钤来印蜕一看，大失所望。"文革"结束，吴长邺找到老干部程国藩请他援手相助追寻田黄，但还是泥牛入海无消息。某日，有关单位来吴家，说是已将这盒田黄石卖给文物部门了，送上物款100元，长邺先生闻之大惊！再次求援于有关部门查找田黄的下落，上海文物部门的领导很重视此事，在某单位的一大堆原始账单里追查到这十二方田黄石以百元收购的单据，奇怪的是，这批田黄出售的发票竟然也已开妥，不知为何又退了回来，十二方田黄仓库里还是遍寻不着！后来知晓，当年以极低之价（几百元？）由某部门卖给一日本商人，我想，当年那位东瀛"幸运者"，面对已经到手的宝贝，应该是摸着田黄石几天几夜睡不着觉的！可怜国宝危在旦夕！但是，不要急，冥冥之中有一种力量硬是将这几块九死一生的田黄石拉了回来！当外商面露微笑携带田黄出海关时被拦截，没收！但田黄存放何处？还是个谜？吴家急啊！遥问田黄，你在哪里？可是，这里的黎明静悄悄……

上世纪七十年代末，有一天，沪上工人文化宫篆刻班教室里，名印家陈茗屋正在讲课，学生中有个在外轮供应公司仓库里工作的人，拿出一本发票簿，上面钤有许多印蜕，茗屋发觉其中有他熟悉的十二方缶老自用印！一问方知那些田黄石正沉睡在那个仓库里。茗屋立即将喜讯告诉吴超，不久，失踪多年的国宝田黄十二石，得以重见天日。落实政策还印时，来人带来一张百元收据，吴家将一百元人民币交还文物部门把十二方田黄赎回，而吴长邺则以刘汉麟的名义捐给杭州西泠印社，获奖万元，吴、刘又把此巨款捐给徐汇区某街道工厂，尽管当年他们两家生活还是困难，聊献一片爱心在人间。几经劫难的十二方珍贵田黄印石，兽钮古拙，色黄似金润比玉，蕴含宝气凝如脂，总重约 500 克不到，秘藏在杭州西泠印社内，上海吴昌硕纪念馆中有印蜕陈列，名书画家吴长邺先生题曰：先大父缶翁篆刻存世原已不多，几经战乱后，愈见稀少，其田黄自用印共壹拾贰方，实为国之瑰宝，今已捐献在杭州西泠印社，兹钤其印存移赠与浦东纪念馆，以供同好参考。

海上文人玩石旧事

革命老人沈钧儒性格坚强，他特别爱玩石头，他和别人藏石有区别，不是为了观赏，仅是一种留念，朋友给的、旅行拣的、地质研究用的、有特殊意义的，他都珍藏着，时间一长，家里到处都是来自全国大小粗细、五颜六色、奇形怪状的石头，有的从国外苏联、朝鲜远道觅来，还有沈钧儒家先人把玩传下来的古老石头等等。因此他老人家的书斋命名为"与石居"，由于右任书写。

说到玩石，还有更绝的，某年海上画家程瑶笙与他的弟子陈觉到上海古玩市场走走，看到一块四面玲珑透气的奇石，高约四尺恍若一段流云，俩人看得惊呆了，左观右赏，最后高价拿下，弄辆黄包车把石头搬上去放稳，扶车步行到家，觅到佳石程瑶笙很得意，不料，被吴昌硕看到说："好石头大家玩玩。"就叫辆车装了就走……

沪上有一位书画古玩收藏家刘姓老人给我看一方寿山淡色桂花黄田黄旧方形兽钮石章，清代篆刻名家徐三庚治闲章印，其石质地灵润，红格鲜明遍布石面，萝卜纹隐于肌理中。早年，他与前妻闹离婚时，趁他不在家时，被他前妻卷走许多名人字画、鸡血、芙蓉印章、古董什件，但是不知为何留下这方名贵田黄印章她却没有拿走，扔在墙角，成为一条漏网之鱼。后来有人得到消息告诉他，原来她老婆不识田黄石，因为她看见这块布满灰尘的石头上满是"狰狞的红色裂缝"，石头里面还有好像是乱七八糟的丝丝纹纹，以为是劣石一块，所以不感兴趣。其实如今这方重几十克的田黄价值少说也要百万元！感曰："精明反被精明误，万贯田黄当粪土！"

旧时，拥有老上海第一号汽车牌照的房地产大王周湘云曾收藏了几件寿山田黄石。上海朵云轩藏有一只清代乾隆年制钮大家杨玉璇手雕黄罗汉像，重4两4钱，配有白玉莲花座。罗汉像盘腿趺坐，神态安详，双手右握金刚杵，左持拂尘，两鬓发髯丝丝飘逸，雕工传神且精细，背面著款"玉璇"二字。此件宝物就是朵云轩后来从周湘云家收购得来。

画家高野侯的弟弟高络园觅到一枚雨花石，上有一老人一犬，有仿佛是高络二字，高络园说老人就是他，他正好属狗，高络二字又是他的姓名，天下有如此巧事也！

佛像印（佛心）

老上海的砗磲故事

　　砗磲，大型海产双壳贝类，壳大且厚，壳形状像土箕，其背纹如瓦屋之沟，它的闭壳肌粗大，将它取下晒干后可制成味道鲜美的干贝，壳壁色泽白净或淡浅黄色，莹洁如玉。古玩收藏人士把砗磲、珍珠、琥珀、珊瑚称为四大有机宝石，说是宝石，其实这四样东西都不是石头。印尼、菲律宾、澳洲、西、南太平洋，印度洋以及我国南海都可以找到砗磲的踪迹，我们现在制作砗磲雕刻艺术品的砗磲壳以采集于我国南沙群岛诸岛礁为佳，尤其是中国黄岩岛所产砗磲贝壳厚实、色润、韧度、硬度等指标最适宜作为砗磲艺术品雕刻。大砗磲和大熊猫、金丝猴一样是国家一级保护动物。吾友杭州人何鑫渠兄说，他看见浙江自然博物馆展厅里有一只来自海南的大砗磲壳，这是 1997 年，香港回归时，海南省组织大型的捕捞队采集大砗磲，作为海南人民送给香港的礼物。当时有四件标本，最大的 150 斤，在香港，浙江这只砗磲重 80 斤，排行第三，由杭州贝类收藏家王能潮先生捐赠的。对中药材学问研究颇深的鑫渠兄告诉我，《本草纲目》记砗渠，"海中大贝也。背上垄纹如车轮之渠，故名车渠，大蛤也。壳外沟垄如蚶壳而深大，皆纵纹如瓦沟，无横纹也。壳内白皙如玉，番人以饰器物，谬言为玉石之类。或云玉中亦有车渠，而此蛤似之故也。……车渠作杯，注酒满过一分不溢，试之果然。"砗磲有安神镇静、解毒之功，入药治心神不安、失眠多梦、并解诸药之毒及蜂蜇虫咬等。砗磲贝肉具有滋阴补肾和胃调中的功效。

上海武康路近湖南路口略南面人行道老洋房墙脚边原来有一口被封的旧井，井栏用水泥和碎石砌成，呈多角形，井栏外壁每个平面都用一只非常漂亮的大砗磲壳镶嵌进去，设计者把砗磲壳的内壳面向外，这是一只颇具巧思的老上海艺术井栏，有西洋韵味，这只上海滩唯一遗留下来用砗磲壳装饰的上海特色的井栏与这幢小洋房搭配得非常协调，去年再去看时，原来有井的地方开了家商店，那口镶有砗磲的井不见踪影，一定是被拆除了，深感惋惜！

沪上印石鉴赏家袁慧敏先生说："旧印中看见清代、民国印章有用砗磲壳解为印材的，从前是印人偶然玩玩，因为稀有，作为印材中的奇品来把玩，砗磲的硬度与我们篆刻的印石差不多，刻印时进刀感觉很脆，容易剥落，不像叶蜡石那样游刃有余，真要有点水平才能够刻出好的篆刻作品。"从前沪上旧货店中有时也能够寻觅到一两枚用砗磲壳做的老上海人曾经用过遗留下来的旧的印章。

说到砗磲，想起许多年前我的牯岭仪表厂同事、沪上印石玩家谢家麟兄某日在江阴路重庆路口一堆建筑垃圾上捡回一只脏兮兮的灰白色大贝壳约有 30 公分长，洗净一看，嘿！里面雪白好像白玉一样，这只大概是老上海人家遗留曾经陈设在红木家具上的砗磲摆件，外壳包浆很好，不知为什么被人扔出来。谢兄过年放在案头蓄养水仙花，饶有古意，这是街头捡宝得福的旧事了。

记得在"文革"前，我到上海一位老画家家里玩，在他家老洋房的洗手间里看见一只硕大的"蚌壳"，大概一个婴儿可以坐在里面洗澡，老人说这是我国南海的砗磲壳的一半，是他在祖父晚清时从南洋带回上海，他小时候还在壳里洗过澡呢。1968 年我再去看望那位老画家，没有看见那只砗磲，他家给赶到楼下一个小间里住，那只砗磲呢，据说是给抄家的人砸碎后扔啦！

沪上景泰蓝旧事二则

沪上某大画家告诉我一桩景泰蓝佚事："文革"时有一批某文物收购公司从冶炼厂废铜烂铁里捡出并低价收购来的明清景泰蓝杂器，虽然有的品相不好，有些破损，但的确是明清老古董，有瓶、炉、碗、杯、盆、罐等物，抹去尘灰，只见器物大放光彩，红、蓝、绿、黄多色艳丽，有几件上档次的被博物馆派来的人付些小钱带走，留下十多件堆在库房里准备出口换外汇，但操作手续遇上困难，成为积压货物。经理说，来！给我拖到旧货店里处理掉！于是装上黄鱼车拉到一家国营旧货店里，那个年头，还有谁要这些烂铜"四旧"东西啊！放上柜橱无人问津。1970年，店里把景泰蓝撤下柜摞在楼梯下角落里堆着，物一受潮，开始生铜锈。此时，正好有个喜欢古玩的陈姓教师，认识店里的领导，来此喝茶小坐，看到这些景泰蓝旧物，眼前一亮，问多少钱，想买回去玩玩，店领导说，好了，好了！这些破东西，一看就烦恼！按进货底价86元钱加20元店里利润赚头一共106元拿去吧，再没人看中，我们恐怕要把它送进废品回收站了！于是那位陈老师大欢喜，携之回家，一直保存到2003年他已经80岁了，正好迎来古玩行情大涨，他聪明地把景泰蓝一件一件配上锦盒，分送到国内几家大拍卖行上艺术品大拍，得到一笔巨款，换到一套房子，安享晚年。

我的祖父杨孚卿民国年间在老家昆山玉山古镇的老县衙门南口沿街有老屋几间，开了个杨家旧书店。店里也经营古玩书画，祖父是古玩藏家,也是堪舆家,俗称"风水先生",就凭一个木制旧罗盘为人指点张罗,一次可得四、五块银元,在那年头绝对算是高收入者,所以祖父他接触昆山有钱大户人家也多,有些破落户常常把旧书画古董由他收购后放在旧书店里出售,至今我收藏的古玉、名家字画还是我祖父遗留下的传家宝。某年腊底,北风呼啸,门口有人送来一只旧铜盘子,祖父拿在手一看,咦!这件东西从来没有见过,只见此盘造型敦拙厚重,盘口外撇,圆弧浅腹,蓝色珐琅地,盘内有蓝色等莲花八朵,盘中心有一枝缠枝莲。盘外壁缠枝莲花八朵。再一看,平底圈足内有底款:大明景泰年制。心里暗想,好货,问价,来人说,有人出过 20 块大洋我不卖,现在等钱过年,您看着办吧!讨价还价 15 大洋收进,老人家欢喜得不得了,用布擦得铮亮,过完年,上海广东路古玩铺来了个姓董的人看到这件景泰蓝,皱着眉头说,有问题啊,您看这款,不对啊!字写得有点软,再说这盘的整体颜色偏灰,不鲜艳,不过东西还是旧货,品相不错,晚清仿的,咱们是朋友,我喜欢,随便玩玩,给您 18 元怎么样?祖父被董某一忽悠,上海客扔下 22 块大洋走人,后来才知道此人故意把明代景泰蓝说成清仿货,拿到上海售出 120 元,赚得盆满钵满……

沪城剔红雕漆旧闻

多年前，笔者写《典当旧影》老上海掌故文章时，曾采访一位在老上海广西路一带开小当铺的黄老先生时听到一件从宫中流出的乾隆剔红雕漆小熏香炉的故事。民国某年夏天，他家当铺有人送来一件朱红色的小炉，柜台估价的老先生从来也没有看见过这样的玩意儿，因为是朋友介绍过来，不能怠慢，后来派小伙计从八仙桥请来一位白相古玩的人，来人仔细鉴别器物，说这是难得一见的剔红雕漆炉，双龙形耳，抹去面上灰尘，露出鲜红色的满雕云纹夔龙，鎏金铜内胆，髹漆肥厚，纹理清晰，炉盖上镶着一颗碧绿通透的翡翠，漂亮啊！那人凑到老板耳边轻声说："这是大内流出之物，乾隆内府督造工，不寻常之物，大概值500大洋！问他要当多少钱？"原来货主来自天津，祖上在宫中任职时偷出此宝物，举家移居上海后，这厮不务正业，吃喝嫖赌把家业败了，要急等钱还赌债。老板苗头一轧，发话："老兄，您这旧工艺品在这兵荒马乱的时候当不出大价钱。""我只要100元急用，爷叔，侬晓得哦，阿拉是自家人啊，侬帮帮忙哦！"来人用不纯正的上海话请求。"账房，开票，拿钱来！"老板立刻吩咐手下。物主满怀喜色地拿了100大洋，走人。绝当后，黄老板把熏炉卖给这位住在八仙桥白相古玩的人，得钱300元。谁知道不多久那位败家子家里派人来吵，还叫来警察，说当铺欺诈，要赎回原物，一时间，当铺门前乱哄哄，当铺老板结果被警察拉去，几天后，有流氓出面勒索去600大洋疏通当官的放人，当铺几年的利润被挖空！多年后黄先生他父亲才明白,正是那个八仙桥白相古玩的人伙同警察、流氓一同来闹事诈他当铺的钱,黄先生说到这陈旧的往事时,长长地叹了一口气说,这是旧社会一桩剔红雕漆器的往事,像这样的稀奇八怪的故事,从前他父亲在当铺经营的几十年中遇到真不少啊!

品味典藏(兔)

露香园"顾绣"旧闻

明《松江府志》记："顾绣作花鸟、香囊、人物、刻画精巧,为他郡所未有","而价亦贵,尺幅之素,精者值银几两,全幅高大者不啻数金。"技艺继承苏绣优秀传统,独辟蹊径,形成独特艺术特色。

我的一位朋友、上海著名中医大家顾雨时先生,从前就住在沪上南市区露香园路老屋中,我曾去拜访这位大医家,请他谈谈关于"顾绣"的情况,他说:"是呀! 这顾绣是中国绣品一宝,就出在我们露香园这个地方,露香园是明代上海三大名园之一,园中以露香池为中心,建筑有露香阁、碧漪堂、阜春山馆、积翠冈、青莲座、大士庵等景物。(今露香园路,即为纪念此园得名)有个传说,顾绣是松江府明嘉靖三十八年进士顾名世家传女红。最初只是家藏观赏或送亲友朋好之用,不出售的。顾名世晚年在上海县城西北九亩地筑园居家,挖池掘得一块据说是元代大艺术家赵孟頫手篆'露香园'三字刻石。之后人称顾绣为'露香园顾绣'、'顾氏露香园绣'等。顾绣受'云间派'画风影响,题材以山水、人物、花鸟为多。最善绣宋、元名画,以针代笔,名家笔意几可乱真,顾名世去世后,家人生活拮据,顾家女眷开始以刺绣维持生计。顾名世的曾孙女顾兰玉设置刺绣作坊,顾绣名气大振,顾名世大儿子顾汇海的妾缪氏,绣艺一流,她绣出的佛像、人物,栩栩传神,一时老上海文人雅士竞相争购收藏,当年顾绣作品或钤或绣有'露香园'、'虎头'、'皇明顾绣'、'清碧斋'等印章为落款。"

据旧籍记录，清初顾绣艺术日渐衰落，后裔开始将祖传绣技公开于世，上海老城内开了许多顾绣庄，顾绣的特色已经不再，沦为衣服、被面等一般实用品。到了清末民初顾绣不再辉煌。

上海收藏家张雄雄家藏顾绣精品多件，他说："顾绣是一种独特的艺术品，有几点是其他绣品不具备的，第一，刺绣技法中是半绣半绘，画绣结合，它是以宋元名画作为摹本，有的地方是先上底色后再针绣，也有地方是不绣直接用笔上色，表现出云彩、水流等虚幻色彩的效果。第二，顾绣针法变化多，有齐针、铺针、打籽针、接针、钉金、刻鳞针等。第三，顾绣表现的风景、瑞禽、人物的色泽采用老嫩、深浅、浓淡等变化，还用中间色调，来补色和套色。一切自然景象中干、湿、浓、淡、墨色之晕的色彩都在绣线与针法的变化中得到最佳视觉效果。从前，能收藏到一件明代顾绣作品也不容易的，现在市面上顾绣珍品更是少见，而且价位是越来越贵。如果能看到品相好，尺寸大的明代顾绣，喜欢绣品的朋友请你千万不要错失良机！"

古玩藏家友人何立平兄，2008年在南市一个拆迁屋附近，见有位老先生拉出一大捆旧书要处理掉，他一看里面有些线装本旧书，出了1 000元全部买下来，回家整理，发现都是些乱七八糟的旧书，根本不值钱，准备再回卖给收废纸的，嘿！偶然翻开一册破书，里面竟然夹着一页旧色青绿山水的绣品，绣工甚精美，虽然很旧，但是此件绣品上的色彩依旧鲜艳，再一看，有个小小的绣款："露香园"三字，哈哈！原来拣了个大漏，欣喜不已！

顺便说说缂丝（刻丝）旧籍《玉篇》记："缂，织纬也。"由于织造的作品在图案与素地接合处微显高低，呈现一丝裂痕，看起来有雕琢镂刻的感觉，是有双面立体感的丝织工艺品。缂丝的编织技法与刺绣和织锦有别。它采用"通经断纬"的织法，而普通锦的织法是通经通纬法，即纬线穿通织物的整个幅面。

有学者考证，缂丝织物大概在公元前 2500 年左右就已存在，商代的缂丝织物制作已很精良，新疆楼兰古城汉代遗址中曾出土"中西（域）混合风格"缂丝毛织品，1972 年在湖南长沙马王堆汉墓中也发现了缂丝毛织物，精美绝伦。宋代的缂丝大量用于服饰，那个时候用缂丝织妇女衣服需花一年的时间，由此可见缂丝制作工艺的难度。

上海博物馆藏有一幅缂丝珍品《莲塘乳鸭图》长 107.5 厘米，宽 108.8 厘米。画面古雅，色彩丰富，白鹭、漂萍、翠鸟、蜻蜓、草虫，双鸭游嬉。缂制隶书小款"江东朱刚制，莲塘乳鸭图"，这是南宋著名缂丝艺人朱克柔的作品。朱克柔与定州的沈子藩等同为宋代缂丝名家，朱克柔的缂丝作品，题材广泛，有人物、嘉树、花卉、瑞禽等，画面清淡，形象生动，堪称一绝。旧时缂丝艺术精品有"一寸缂丝一寸金"之誉。明代宫中设刻丝匠专事御用刻丝品，清乾隆刻丝大盛，晚清以后刻丝之艺衰落。如果用金银线缂织，就能使缂丝作品更添闪亮的视觉效果。金龙图案，用赤圆金线和银线缂织龙鳞，龙爪龙尾，光彩夺目。北京故宫藏有一件乾隆缂金加绣《山庄人物图》挂屏，就是使用了缂金技法，更富有皇家气派。

小说《红楼梦》中有几处说到缂丝，第六回："那凤姐儿家常带着……穿着……石青刻丝灰鼠皮风"；第五十一回，袭人装束："身上穿着桃红百子刻丝银鼠袄子"；第三回，黛玉装束："……外罩五彩刻丝石青银鼠褂"。看来，旧时缂丝制作的服饰多为达官贵人所享受，普通老百姓是穿不起的。

收藏缂丝作品当以摹缂名家书画的为佳，一幅明清时代的缂丝作品，可以给我们带来古代织绣艺术美的享受，还可以给我们研究名书画家笔墨色彩在缂丝上的表现效果，比其他实用穿着的服饰要来得雅逸，更增添收藏织绣作品的文化艺术含量和清趣。早在民国年间，一幅宋人缂丝要卖大洋 5 000 元，明清缂丝精品价位在 1 000 元左右。关于缂丝鉴定，据余永俊先生说："一看纹样，北宋的缂织品比较细密，纹样内容丰富,明代的装饰性很强,配色大胆、夸张,清代的细腻高雅。二看款式,在北宋缂丝定州最佳,明代则以苏杭为好,清代是苏州缂丝一枝独秀。三看款识,缂工落款,如宋代缂丝朱克柔、沈子蕃和吴熙等。不过缂丝出现织款是在明代才开始的。清代织款最多,但一般落款是苏州织造臣某某等。"

民俗印

老上海文人与紫砂壶

　　上海人喜欢喫茶,明清时已与宜兴紫砂结缘。清末,沪城内外,南市北市、沿河傍桥、十字街头茶馆遍布,茶客如云,茗香醉人。旧上海茶馆秋月楼、碧露春、鹏飞白云楼、江南一枝春、品泉楼、香雪海等颇具诗情画意……

　　我想,明清时的老上海文人在豫园旧式茶楼品茶,与朋友闲聊时,一定会眺望老城墙的青砖、黄浦江上的帆影,还有那老街上来来往往的过客,茶客当然也会抚摸、把玩、欣赏一下眼前的紫砂壶,那一把把小小的、暖暖的、散发出茶香的壶给旧时的文人墨客带来多少温馨和惬意。数百年来宜兴黄龙山的紫泥,丁蜀镇的松柴,古龙窑的炉火,通过太湖、吴淞江里木船的传递把宜兴大师、窑工们的杰作源源不断送到申城……

　　旧时沪人亦爱收藏紫砂壶,高温窑里烧成后的紫砂壶质朴浑厚,古雅可爱,保温性和透气性均十分理想,是沏茶的最佳器具,紫砂壶泡茶能在较长时间内保持茶汤的原汁原味。紫砂壶握于手中便于边畅饮、边赏玩。把玩日久,壶表面会起包浆光泽,真会令人爱不释手!

　　清代,书画篆刻大家陈鸿寿(曼生)和制壶名家杨彭年把诗文书画与紫砂壶陶艺结合起来,在壶上用竹刀题写诗文、雕刻绘画。使紫砂壶从仅仅泡茶、喝茶的实用功能一下子跳跃到新的视觉审美艺术高度,让人们在品茶的闲情中欣赏到紫砂壶上那一幅幅有中国笔墨、刀工、布局的文人作品,从此,把紫砂壶单一的壶型艺术的欣赏,拓展到与中国传统书画雕刻结合的新天地。

晚清沪上一些名书画家如任伯年、吴昌硕、张大千等人常参与壶上书画，这是海上文人墨客与宜兴紫砂制作大家结合和互动的开始。民国年间，顾景舟、蒋蓉等名家曾在上海城隍庙的茶庄中担任过专职壶师。自从上海刻壶名家沈觉初壶刻绝技与唐云等书画大师结合之后，给茶文化的载体紫砂壶内茶色醇香的浓度添加了全新海派诗意的底气与空灵的禅意。

话要回过头来说，宜兴紫砂作品，不光光是茶壶，更重要的是文房用具，与海派文人息息相关，我曾见到不少上海书画篆刻、文化名人陈巨来、钱君匋、叶露园、艾世菊、郑逸梅、刘旦宅等大家书斋里或多或少都摆有几件紫砂文房器具，水盂、花盆、笔筒、笔架、调色盘、笔海、摆件等。我收藏一件扁紫砂小水盂，据说是来自吴湖帆先生苏州祖上，砂质佳，器型雅，包浆润，刻有画、字，作品底下中间打了一个小洞，是"文革"时被造反派抄家拿去凿了个洞养花种草，那个洞正好打在制作名家的印款上！

百余年来宜兴紫砂大师的精湛作品，一件作品都有一个亮点、一段故事，砂本无韵，茶有真香，从紫砂泥矿中采挖出的看来普通的紫泥砂块，经过制壶、雕塑艺术家妙手点化，炉火纯青的烧炼，小小一粒砂可以折射出巨大的光芒，可以映见数百年来宜兴紫砂工艺的前生后世，看见丁蜀紫砂艺术与海派文化撞击出灿烂的光辉。

上海紫砂壶旧闻

据上海收藏古旧印章的李伟庆说，"文革"时住在他娘舅对门的邻居在打扫老屋一大堆瓶瓶罐罐的破烂东西，准备扔到垃圾桶里，他正和娘舅帮助邻居家大爷一起整理，突然发现里面有只很脏的褐红色的扁形茶壶，顺手拿出擦去尘土一看，哎，却完好无损，那邻居大爷说，这只壶是他当老中医的老爸解放前喝茶用的，后来人过世了，就扔在床底下了，你喜欢，那拿去玩玩吧。他娘舅就带回家一放就是几十年，去年拿给李伟庆看看到底是件什么玩意儿？伟庆拿在手上觉得此壶不寻常，泥质很细，紫色中透出些黑褐色光芒，包浆古润，摸上去温润如千年紫玉，壶内茶垢斑驳，好东西啊！壶底壶盖落款"杨彭年"，开门货，清代旧物！李先生拍案肯定，后送拍卖得一大笔钱，哈哈，老娘舅喜出望外！

沪上有位王姓紫砂壶藏家，身边集藏清代民国名家大师等紫砂壶几十件，开了家小古玩店，那些活跃于宜兴、苏州一带的铲地皮、跑统子的古董贩子经常带些紫砂壶老货卖给他，几年来老王赚了点小钱，某日半夜，有个贩子来急电，要他赶快下乡，说是从一个破落大户家流出一把清代陈鸣远制瓜棱紫砂壶，壶主要价50万，已经有人还价38万，王老板闻声开车清晨赶往苏州东山古镇，与那古董贩子会面，在太湖边的小茶楼上找到物主，王拿着放大镜仔细鉴别，凭着自己多年经验断定是把老壶，器型规正，壶底铭款清晰，包浆厚泽，结果以40万成交，可是，等他拿回上海定下神来研究，哎呀！发现疑问，再请业内几位行家会诊，结论，是宜兴小窑高手新仿赝品，或可乱真，王兄急忙去电找贩子，停机！人去楼空，可怜王老板几年赚来的利润，一夜打水漂，哑巴吃黄连，有苦说不出……

我听沪上刻印大家陈巨来说，旧时上海造假大王汤临泽（篆刻大家胡菊邻的学生）仿制名家紫砂壶能乱真，此人绝顶聪明，诗、画、篆刻、金石、文字、编辑、制壶样样行！上世纪三十年代，吴湖帆有把曼生壶请他仿一把，做好后竟然分不清真假，汤把真假两壶分开，要吴湖帆分别藏好，过几天汤临泽又拿来一把曼生壶给吴湖帆，吴问，这是为什么呢？汤说，这把才是你原来的真壶，先给你的两把全是仿品！老上海文人汤临泽的绝活可见一斑！原来早在民国十九年，宜兴川埠潜洛紫砂高手蒋彦亭（蒋蓉的伯父）被汤临泽聘请来沪，在汤家秘密仿制名家紫砂壶，从前，巨来先生曾在上海永康路汤临泽家灶披间里看到一只专烧紫砂器的小炉窑，用柴爿当燃料，一个从宜兴请来的戴姓高手帮汤干活。汤自己做的、仿制名家的都有，除了紫砂壶外，还有不少紫砂文房用品，如笔筒、水盂、笔架、水滴等物。当年汤还送了一只底款"时大彬"的紫砂壶给陈巨来，后来巨老帮汤刻了方姓名章以谢。我听博物馆专家郭若愚说：上博成立早期，曾从社会征得12把宜兴名家底款的紫砂壶，汤临泽一看，笑着说，哈哈！这里面有8把壶是我仿制的！

上世纪七十年代末，沪上篆刻大家陈巨来正在家里刻印，突然有一辆警车开到他家楼下，邻居看见从车里走出三个穿警服的人冲上陈家，不一会儿邻居们看见陈巨来被警察一边一个夹着带走，邻居们纷纷议论，这老头刚刚从监狱里出来，这次肯定又犯了什么事被抓进去了？警车一路开到上海一个五星级大宾馆，陈被请到一间包房里，一桌酒水等着陈老先生，吃好喝好后，一位领导说，南方某海关截获到一只宜兴紫砂壶文物被非法走私出境，据说此壶出于一位晚清大师制作的绝品壶，偷带出境的人说是件仿制工艺品，但无人能够鉴定其真伪问题，听博物馆一位专家说，对这只紫砂壶，中国现在只有一位老法师懂，那就是陈巨来先生，所以请您来鉴定这只壶的真伪。说着，从一只破旧的锦盒里取出那只紫砂壶，陈巨来一看，哎呀，此壶包浆不错，壶型大气，底把柄上都钤着某某宜兴紫砂壶大名家的印，里面还有厚厚一层黑褐色的茶垢，隐隐约约散发出一股清香。陈巨来看完，听完事由，轻轻地把壶盖盖紧，二话不说，拎起壶盖扭头就走，诸位警察一看大惊失色，这客厅地下是花岗岩地砖啊，壶跌到地上那要粉身碎骨的呀！陈巨来先生笑笑说，众人不要着急，我手里这把壶如果现在跌落，那就是把赝品，倘若拎着壶盖一圈走完，没有跌落，那必定是件货真价实的真品！果然，巨老拎着茶壶滴盖一圈走过，又轻轻地放回桌上，一阵掌声响起，巨老拿起那半瓶没有喝完的茅台酒说，哈哈。这点好酒我要带回家去喝。文博领导同志一个红包塞到陈巨来手里，巨老，这个呢，我们表示一点意思意思感谢您。警车飞驶，一路警报响起，坐在车里的陈巨来好不得意，不久迷迷糊糊已经被警察扶上楼来，邻居们围看，咦，这老头子，上午刚刚被捉进去，怎么又被放出来了？奇怪！这就应了我友马尚龙大作一本书名："有些意思你从来不懂"！

"斯的克"旧闻几则

上海人把洋人手中的"拐杖"叫做"斯的克",这是旧时洋泾浜英语的发音,现代人手中的手杖大多是实用性的器具,亦叫"杖具"。旧时十里洋场的上海,手杖很流行,尤其是租界内的洋人、买办、大佬、官员们,人手一根,我们从老上海旧电影里可以看见手杖的身影,旧上海遗留下来的"斯的克"现在已经奇货可居,有的已经成为古玩收藏佳品,有人只收不卖,自己玩玩,现在,一根制作精良的上品手杖拍卖公司里价格不菲,没有几万元大概是弄不到手里的,"斯的克"手杖已经成为当今收藏界一个新的热点和亮点。

不久前,笔者在上海虹桥古玩城参观了"垂直艺术——手杖"展览,有幸看到沪上杖具玩家陆杰瑞先生收藏许多形形色色、奇奇怪怪来自世界各地的古旧手杖……手杖,细细长长,寻常之物,随处可见,因为普通,常常被人遗忘,蒙尘在旧屋的墙角……但是手杖却与老上海艺术家有缘,我们看到旧照片中有吴昌硕、张大千、齐白石、谢稚柳、唐云、叶圣陶、陈巨来等书画篆刻大家手持手杖的旧影。

浙江"西泠印社"收藏着一根吴昌硕晚年用的一根手杖。手杖质轻,装在锦盒里,据吾友书法家吴超先生说手杖是竹做的,包浆润厚,此手杖韧性足,上面有吴昌硕 78 岁那年亲自刻的 10 个行楷小字:"坚多节,扶我甏。辛酉春,缶。"记者林明杰老师曾在西泠印社拜观此件手杖,他说吴缶老在手杖上刻的字虽少,却见乱世中一位伟大艺术家对自己操行可贵的执著。

陈巨来先生回忆："徐生告余,当其("文革")斗争最烈时,白(白蕉)所持手杖上贴了大字报,不准取下,走路以示众,白不堪日被批斗,病亟之时犹如此,致某日回愚园路家中时,爬上楼头,即倒地而死了。"

某年朋友送陈巨来一根杭州万年藤手杖,巨老刻"玉咸心赏"朱文印回赠,那方白寿山印章边款刻着:"远承玉咸仁兄以杭州万年藤手杖见贻用服此印藉志纪念,巨来年七十四,戊午十月。"这是文人之间手杖与印章的雅事了。

旧籍记:"1923年惊蛰前后,昌硕先生在杭州闻超山梅花怒放,便欣然率家人赴超山赏梅。丁辅之先生特为之赠送紫檀手杖,昌硕老人把玩再三,喜甚,就自镌铭言于杖上以志纪念。"

沪上书画篆刻家顾振乐老师讲:动画片大家万籁鸣先生是他的好友也是顾家常客。顾老回忆说,从前,只要万籁鸣用手杖在门口敲几下,我就知道他来了。哈哈,原来手杖还有作敲门接头信号"暗号不变"的功效呢!

吾友何立平兄,狄平子后裔,他告诉我,某年狄平子觅到几根上品湘妃竹,请人制成三尺长的扇骨,还到苏州特制大扇面,狄把巨扇带到好友吴湖帆处,请吴画山水题字。当时叶恭绰也在,巨扇展开,吴湖帆、叶恭绰都吓了一跳,哇噻!大得要两张书桌才能够放下扇子,真是罕见!吴湖帆问:"你为什么要定做这样大的巨扇。"狄平子笑答:"此扇乃拂扇大王之雄风,还可以充当手杖,危急之中亦可作为武器用,抵抗一下……"当年有朋友调侃说,呵呵!狄平子他明明是为了"贪图"吴湖帆的山水,要画得尺寸大些,却编出这样的理由,真是让人忍俊不禁。

摘录曹大民先生《白蕉的艺术人生》数言:"解放前几年,某日,上海执掌文化宣传大权的虞文宴请文化人。白蕉亦在座中。但白蕉一向看不惯腐败无能的国民党政府,对虞文一类帮闲文人尤其不齿。想起挚友徐悲鸿之妻被国民党宣传部长张道藩所夺,白蕉在酒后便怒火中烧,竟破口大骂虞文,并以手杖猛击之。在场诸人无不色变,唯目瞪口呆。"

抗战时叶圣陶先生在四川乐山的书斋被炸,只好移居城外"孤岛"中,他说,剩下的那只有手杖和烟斗两个"朋友"啦!又《叶圣陶集》:"十七日,记,晨到元善寓所,墙角有玉屏产竹笛手杖(手杖而兼竹笛)若干枝,赠余一支,吹之,音较高,非唱曲所宜也。"

有件手杖旧事与艺术家无关,清道光二十八年三月初五在沪的三位英国传教士从上海驾舢板船到达远离 90 里的青浦县城,趁热闹在坡隍庙一带散发布道书,进行传教活动。街道阻塞,行人不便。雒魏林用"司的克"(手杖)开路,用拐杖猛击一漕船水手脑袋,其他水手跟他讲理,他便抢起拐杖驱赶之,激起众怒,一场"搏斗"发生,雒魏林等人"受有轻伤"。这是上海滩有名的与手杖有关的"青浦教案"。

"文革"时,有位民族资本家家藏一件祖传元代大画家黄公望绢本山水的古画轴,他得知红卫兵要来抄家,急得不得了,这张画是他家几代人传下来的宝贝,情急之中,想起他父亲留下来一根不起眼的旧手杖,杖头部可以旋下来,中间是空的,他把画轴剪去,只留画芯,卷紧后塞进那根手杖里,手杖上涂些泥土,扔到天井破烂杂物中,结果呢,名画躲过一劫,这是手杖的功劳!

1949 年上海快解放时,有钱人纷纷逃往海外,丢下的家中杂物被收旧货的人收去,再拿到市场里出售。我朋友蒋鸣玉的父亲常常去广东路一带淘旧货,瓷器、玉器买到不少,某日他看见一根外国人留下的手杖,杖身是胡桃木的,杖顶有只金属鸟头很好玩,花了一块大洋买下,回家擦干净后给古玩内行看,那人仔细一看,啊呀!这只金属鸟头是白金做的,铭文显示这是老上海一位有名气的大老板的遗物,大喜!转手卖出大价钱,哈哈,发了笔财!

研究民国的文史专家管继平兄向笔者提供一条手杖旧闻:魏建功先

生，现代音韵巨匠、汉字改革元勋。1938年，魏建功在西南联大蒙自分校当教师，曾为国学大家陈寅恪题刻杖铭："陈君之策，以正衰仄。"陈老晚年失明此杖须臾不离，并有诗记事。魏建功为郑毅生刻杖二枝，一曰："指挥若定"，一曰"用之则行，舍则藏"。时郑正向校长蒋梦麟坚辞北大秘书长行政职务，著名语言学家罗常培心直口快，见杖铭讥其"危而不持，颠而不扶"，言颇切直。此事成北大抗战期间的一段佳话。

　　小小一根手杖，给骨董收藏鉴赏者带来包罗万象的知识，既有艺术审美的情趣，又有精湛制作工艺的展现，每一根手杖都刻画着一个时代历史的痕迹和信息，记录着老上海十里洋场和最近几十年来上海文人心中那一段消失在岁月尘埃里的难忘的记忆……

一日千里（马）

老上海的微刻微雕

　　上世纪四十年代，我舅舅在沪上福州路买到一枝派克金笔，请刻字铺的人在笔杆上刻了唐诗："月落乌啼霜满天，江枫渔火对愁眠。姑苏城外寒山寺，夜半钟声到客船。"拿回昆山家里，左邻右舍看到，感觉稀奇得很，原来这几十个字刻得细如蚁脚的艺术雕刻是老上海一大特色，俗称钢笔刻字。我读书时还看到路边小摊上有干此行当的艺人，刻费五角，在当时是二人一餐中饭钱，是大开销啦！

　　史料记载："象牙微刻，又称线刻。二十世纪初，上海福州路望平街一带有许多刻字铺，为顾客治印，有时需要在印章的侧面刻上边款，字迹细小，其后自来水笔问世，也有不少摊贩于笔杆上代刻姓名。上海微刻真正成为一种独立的观赏艺术形成于三十年代。当时爱好篆刻的青年薛佛影刻苦钻研，在水晶、象牙、白玉和翡翠等材料上进行细微雕刻的技术取得成功。民国二十四年（1935 年），他的微刻作品在大新公司画廊展出。民国三十六年又在大新公司画廊举办现代上海第一个微刻艺术个人作品展。"

　　沪上微雕名家黄跟宝善制微型明清文案家具，工艺结构，严格保存明清时期风格，采用中国传统家具制造手法，选用紫檀、红木、印石、牙、角等高级家具材料，他制作微雕花薰炉，一颗银杏大小，炉上蟠虬玉龙三条，玉环十八个，环环相扣，皆能各自轻巧转动，令人惊奇的是，玉环的间隙，连绣花细针都插不进去！观者无不目瞪口呆。

江湾镇黄证和先生,微雕大家,1954年,他在钢笔上刻我国宪法献给毛主席,还多次以其作品赠送访华的外国国家元首。宝山月浦曹惠忠,在米粒大象牙板上刻10头体态各异的熊猫;在6毫米长的头发丝上刻孟浩然《春晓》诗,连标题、落款共20余字,还用三分之一米粒大小的象牙,雕出一个立体孙悟空。

闸北区微雕大王周长兴,雕刻微型玉石茶壶中空,壶盖可开启,注入水能从壶嘴倒出。上海砂钢片厂工人吴根华制作微型明清书房家具,堪为沪上微雕工艺一绝!

薛佛影,无锡人,民国十七年,他的雕刻作品在无锡国货展览会获特等奖,后来作品在大新公司陈列寄售。上海博物馆向他购得象牙细刻"滕王阁"插屏等数件作品。听郑逸梅先生说薛佛影能画善书,擅长象牙细刻,一生佳作200余件,代表作有象牙插屏"滕王阁"、"金刚经"、"端午竞渡",水晶插屏"洛神赋"、"滕王阁"和白玉插屏"圣教序"等。我在王安宇书斋看到一方薛佛影为丰一吟细刻的"桃源行"12行书法,印面客白文"丰一吟"三字的象牙章。落款:丙寅秋月,一吟女士雅正。薛佛影刻赠于铁耕斋。

名人杂记

张伟生字里蕴乾坤

辛卯暮春四月，雨后初霁之日，笔者与上海企业家、印石藏家黄建华，名作家沈嘉禄等几位文化、收藏界朋友茶楼小聚，黄建华取出一幅刚刚装裱好的手卷展玩以助雅兴，我一看，《心经》书法，哎呀！这不是沪上著名书画家、上海书法家协会副主席张伟生先生的大作吗？字里行间蓄韵幽微，一股清气贯穿全卷，充满文人气息的书法益觉秀逸悦目。

近几年，张伟生的书画作品在上海福堂书画廊展示，常常是刚刚挂上就被朋友请走。在吾友黄建华先生的建筑装饰公司里进门就能看见一幅张伟生手书苏东坡词：大江东去浪淘尽……长达三米横披，雍雍雅雅，煌煌烨烨给企业带来一种全新的海派文化氛围，黄建华说："他每天上班进门先要欣赏拜读一遍，看着那张伟生笔下随意发挥，洒然自得的书风，满卷清灵之气，脱尽尘俗的墨色，能给从事当今快节奏的办公室事务的人带来一丝来自心田的减压与清凉，一天的好心情就此产生，呵呵！好书法就有这种感染力。"我想，这也是沪上书法家与知名企业家共同探索：书法如何走向社会？作为高雅文化的文人书法怎样走向企业？即所谓雅俗共赏的一种新的尝试。

沪上名印家陆康先生评价张伟生书法："超逸洒脱，一点火气也没有，他的字初看不引人注意，其实，就如沏满一壶绝味好茶，斟上一杯上佳红酒，需要慢慢品味，感觉也就来了。欣赏书法要看作品的内涵，要看作者的整体修养，伟生兄为人谦和，恬淡，他的字，笔墨苍润，别饶清远之气,这与他吴地人的儒雅品性一致,他的字一如三万六千顷苏州太湖之水养眼养人,湖光山色尽收眼底包容着一种大手笔的气场!"

　　书法家写字无一定模式,有激情奔放的,有苍茫老辣的,有变形夸张的,有中规中矩的,有张扬个性的,可谓精彩纷呈。吾观张伟生先生浓郁的海派风格书法,笔底惠风和畅,纸上水墨交融,他不是有意表现自己,一如行云流水,顺其自然,清遒可人,他那真气充溢,恬淡冲和,看来是"也平常"的墨妙之作,有北碑南帖的真髓,有晋唐古韵之遗风,有历代文人之涵养。赏之,灿然照眼,如坐春风,使人心境清适,可美意延年也!诚如张伟生自己说的:"书法艺术是一个人综合素养的集中体现。笔墨,固然是重要,但蕴含于笔墨之中的是丰富多彩的人文情愫,它包括艺术家的灵性、识见、学养、品格、理念、情趣等等,它凭借笔墨线条去营造一个充满美感的艺术空间,去激奋人们获得视觉和精神上的愉悦。"

文笔峰

陈志宏画登上"雪龙号"

2015年春节刚过,沪上画坛一则新闻,上海名画家陈志宏先生的画登上中国第一艘航空母舰"辽宁号"啦,舰长邀请他去当场画后永久张挂在舰上。我想,迪个兄弟闹大啦,去年陈志宏的几十幅中国画精品大作登上中国南极考察船"雪龙号"开展览,引起轰动,我亦有幸和一批朋友上"雪龙号"船参观,场面热闹,连船长室里也张挂着陈志宏的画,然后他的画作随着考察船乘风破浪去了南极……

陈志宏祖籍在海门三星镇,解放前他祖父陈炳荣曾任海门教育局局长,开有学校三所,还经营药材生意,和上海名画家王个簃是亲戚,8岁的陈志宏就跟王个簃学写书法。

1966年陈志宏进上海搪瓷二厂任美术设计工作,1978年钱行健先生也来此工作,20岁那年陈志宏拜钱行健先生为师,俩人经常去中山公园写生,还常常去拜访王个簃先生,王个簃对钱行健说,陈志宏迪个小囡人诚恳,学画写字又勤奋,我看好他将来一定有前途的!你要多带带他!

某日,陈志宏与王个簃先生到中山公园荷花池边写生,一不小心,王老的画笔滚落到盖满荷叶的池塘里,王老眼睁睁地看着那枝笔消失,叹了口气说:"这笔是托朋友去定制的。"陈志宏见状,马上脱鞋跳进水里从泥里摸到笔,王个簃开心啊!

某日,我在虹桥机场附近的华港雅阁宾馆与文友小聚,席间有人发现此家宾馆文化艺术气息很浓,大堂内外,楼层上下,客房内挂满书画,远远望去，清气一片，悦目十分，一幅松鹰图中堂，妙哉！一鹰兀立巨石，石古拙、松青葱、云悠闲，鹰目炯炯有神，雄赳赳，气昂昂，雄视远瞻，气势恢弘，咦，那笔触，那章法，很像我最喜欢的老画家钱行健老先生的风格？走近一看，哈哈！原来是从东瀛海归回沪的画家陈志宏近作，1978年师随钱行健先生的陈志宏兄，作品中当然有他老师的痕迹。巧的是此画幅题字的人我也熟识，那是沪上著名书法家祝捷大哥，心想，嗨！这个世界真是太小了，到处能看到老友兄长的大作。名家书画合作成功的古有王文治与潘莲巢，潘作画，每得文治题跋，为士林所宝。今有沪上名家耿忠平与管继平合作的《清风拂雅》扇面书画集蛮有清趣。现在一睹陈志宏绘画，祝捷题词的多幅书画，《红梅》、《秋山鸣禽》、《清供》等杰作，配合默契，相得益彰。即所谓合璧书画，淡彩浓墨总相宜。

吾观陈志宏绘画格调清雅脱俗，妙趣横溢，大概是他几十年在日本的生活，小菜清淡油水吃得少的缘故，他的中国画表面看来有些"转基因"，画面变得清心淡逸，就像一泓清水，一点火气也没有，画里有清风，融会了日本空寂的艺术精神，追求一种恬淡的美，这是陈志宏形成自己面孔的绘画艺术符号裂变的开始，但仔细分析志宏兄的画，肌理蕴含着传统中国艺术的风骨精髓，一个游子，虽然远离故乡几十寒暑，但他一颗永远不变中国心的笔墨功夫还是娴熟，线条还是老辣，有鲜头有灵气的。他的花鸟画，文人气息足，当我欣赏完了此间百余件陈志宏花鸟画新作，以及陈志宏画、祝捷题字的合璧佳作，感觉自己好像文雅许多，这！大概就是艺术特有的魅力和感染力吧？

徐本健笔下蟋蟀图

　　我曾拜读过上海名画家唐云先生题签的白石老人蟋蟀图。图上画有八只活灵活现的水墨蟋蟀，每根触须细细长长，一笔画出，妙到毫巅。令人惊叹不已！齐白石题：余常看儿辈养虫，小者为蟋蟀，各有赋性，有善斗者而无人使，终不见其能；有未斗之，先张牙鼓翅，交口不敢再来者；有一味只能鸣者；有缘其雌一怒而斗者，有斗后触雌须即舍命而跳逃者……

　　中国画的蟋蟀颇为难画，这是需要画家本人有一定涵养和绘画技巧功力的，所以一般画家大都不敢轻易出手，所以我们见到的国画中其他虫草如蜻蜓、蚂蚱、金龟子、纺织娘、蜜蜂居多，中国画里唯独蟋蟀不多见。

　　1948年出生的徐本健先生，天生聪颖，敏而好学，受其父亲——中国现代广告学的开拓和奠基人徐百益先生影响和熏陶，自幼临遍《芥子园画谱》《大观书画画谱》，亦攻西洋画的素描之基础。他从临摹齐白石、吴昌硕、张大千、唐云几位大家画的虫草里得到灵感，原来画昆虫要多写生，多观察虫子的结构，他研究了齐白石画的几幅蟋蟀，发现白石老人对蟋蟀虫体结构非常熟悉，画起来得心应手，何处用浓墨，何处施淡墨，何处要渲染，蟋蟀脚趾细如蚁，工笔写出……

　　深秋，蟋蟀上市，徐本健买进一批，有空就仔细观察蟋蟀的爬动、静伏、格斗、觅食、跳跃、鸣叫时翅叶振动的情况，有时半夜起床看看蟋蟀，他还借来古籍蟋蟀图册，有空翻翻，加深印象。几年来，对蟋蟀拍照几百幅，写生几千张，功夫不负有心人，滴水也有穿石时。徐本健笔下的蟋蟀画活了，某日午后，他把一张裱好的蟋蟀画镜片放在开了窗子的窗台口上，突然，一声响，原来不知何时飞来一只小鸟对着纸上的蟋蟀乱啄，把纸也啄破了！哈哈，徐本健看到此场景，笑了，那只饥饿的小鸟把纸上的蟋蟀当作是一顿美餐啦！近几年来徐本健的海派蟋蟀画在中国画坛脱颖而出，名气越来越响，沪上许多喜欢玩蟋蟀的朋友常常来他画室，请他画几幅蟋蟀画作品作为礼品送人。也有朋友请去他的蟋蟀画作品当作斗蟋蟀赛的获胜者的大奖礼品。

徐本健先生在绘画领域里是个敢于创新的人，他的蟋蟀中国画成为海上一绝，有人称之为"海派文人蟋蟀画"。他用中国画画出的古代文玩系列画作品也有他自己的绘画符号，我见过他画的香炉、青铜器、水盂、太湖石、风砺石等博古国画真有别具一格的文房清趣，他将西洋透视画理用于中国画里，创作出一种符合现在审美情趣的新中国文人画，已经受到沪上艺术品收藏界朋友的关注与好评。

徐本健是个肯动脑筋的绘画多面手，中国印泥画就是他独创，有一天他研墨调色、作画、钤印，他想，中国传统印泥，品种多样，红、黄、蓝、白、黑，色彩蛮多，黏黏的，油油的，干后有较强的硬度，颜色丰厚，立体质感有点像油画的颜料，有厚重感，有苍茫感，能够表现出一种深沉、特殊的绘画肌理效果。

我看到一幅《秋菊蟋蟀图》，是用印泥画的，印泥是用艾绒、植物油、朱砂作为原料手工制成，鲜红色彩就是研细的朱砂，固形物就是极细的艾绒纤维，再靠特制的印泥清油调和。印泥中的纤维堆积出干湿浓淡的层次感，笔触的虚虚实实，把山石、花枝、花朵的形象，质感表现得淋漓尽致，惟妙惟肖，令人叫绝的是，山石下的两只蟋蟀是用极细的毛笔勾勒淡淡的墨线再上色，蟋蟀的触须、脚毛，丝毫毕现，大得白石老翁画虫之真趣，由此可见吾友徐本健兄的中国书画功力深厚冰山之一角。

最近我在他的画室"静观堂"看到徐兄一批蟋蟀画新作和山水、花鸟画，徐本健说："我继承父业投身于广告业十多年，九十年代隐退，转而收藏鉴定古玩，学习书画，先后拜毛节民先生、杭英老师学习书法绘画，恩师教诲，一生受用。"

诗云："蟋蟀独知秋令早，芭蕉下得雨声多。"但愿本健先生绘画艺事，前程辉煌，笔墨呈祥，纸上蟋蟀，鸣声悠长……

品味典藏（龙）

俞林虎悠然见南山

　　2014 年的金秋，正是枫红菊黄时节，沪上名画家俞林虎先生山水画数十件作品在豫园听涛阁展出，涉足画坛数十年的林虎兄早年师从江南猫王陈莲涛学画，从画猫到画虎，从画虎到画山水，经历无数寒暑的勤奋刻苦，一步步走来，声誉大振，喜欢国画的朋友熟知"虎王"俞林虎，俞兄的名字嵌藏着"林"与"虎"，"林"就是山林，所以他的山水画作品，得山林之真气，获山君之豪情，与他好动、好学、豪爽、奔放的个性相吻合，这次展出他山水画新作品，给人耳目一新的感觉，林虎的画，表现出大自然的精、气、神，充满一种正能量的气场，很阳光，既得古人之气息，又有今人之新意，他的山水画风灵动，画面朴实，用他自己对自然真实的艺术语言来淋漓尽致地表现出他眼中看到的大自然一景一物的风骨神韵的感受，出笔明快，着色沉着，笔底山石、云瀑、林木、流水无不给人以身在其境的艺术感悟和对人生、对自然的喜悦之情。从海外回沪的书画研究学者、玄学专家孔伟华先生仔细拜读林虎山水画后说："厅堂、书房、居室宜挂俞林虎的山水画，可以给藏家带来祥和瑞气，带来健康愉快的福分。"

　　现代人生活节奏快，工作紧张，做人要有休闲的好心情，让忙忙碌碌绷紧的神经得到放松，就像古人陶渊明所云："采菊东篱下，悠然见南山"的悠闲性情，能够欣赏到一幅给人带来赏心悦目的山水画是一件很开心的事，我想，俞兄的山水画作品受到沪人追捧，是他的作品里有人们喜欢的艺术元素和时代感染力。真像林虎自己所说"我以为山水画家必须以行履天下，云游四方为基础，去倾听幽谷深处的鸟啼瀑鸣，感受群峰林立的彩霞和青峰，去探寻险峰翠壁的春色秋霁，方能领略名山大川的风云变幻，奇峰异曲，真正做到以山为友，以自然为师，从而领悟山水画的精髓。"

俞林虎 1950 年生，现为中国书画名家协会理事、上海春江书画院副院长、中国书画艺术家创作中心研究员、上海工艺美术协会会员。2014年俞林虎在上海浦东图书馆展出一件集工笔、水墨、重彩的 25 米长的"百虎图"长卷，画中的虎神态不一，有张牙舞爪、有舐犊生情、有长啸山林、有憨态可掬，画出了山林间老虎的王者之气，色彩煌煌烨烨，配景有野趣，着色极古雅，一批批前来参观者无不啧啧称赞！俞林虎，上海画坛"虎王"果然名不虚传。

俞林虎的艺术成就引起了画坛的关注，他的作品曾参加国内外中国画大展，多次获大奖。他的作品曾出现在上海几家电视台拍摄的"名家专访"节目中。他应日本书画界之邀到日本东京、大阪举办"俞林虎先生个人书画展"，画展由东京书画院、丸正通株式会社主办，日本每日放送电视台、上海艺术家杂志社、上海西泠印社、上海海上书画研究院、上海交通大学艺术中心协办。这次画展受到日本各界朋友热烈欢迎，许多作品被日本友人争相购买，日本每日放送等电视台多次隆重播放了林虎兄的中国山水画艺术展，盛况空前。

俞林虎说："创作中国山水画，唯有亲临其境才能了解大自然的风起云涌，真正体会和表现山水画的精、气、神，把自然山水中的山崖陡壁、秀峰奇松、云海飞瀑尽收笔底，艺术来自生活，要寻探前人未走过的路的人，只有攀登险峰才能创作出好的山水画作品来……"

宋肇年笔底现彩霞

解读宋肇年的水彩画作品,色彩透明、清晰、自然、轻松、和谐、温暖。欣赏他的画,无论山野景色、都市晨光、湖边晚霞、田园小品、桌上盆花、静物写生、雨后霁月、山行道中,你好像在深秋午后和煦的阳光中,喝一盅英国红茶,品一口拉菲红酒,听一曲舒伯特小夜曲,读一首法国阿波利奈尔的诗歌,听一张老上海胶木金唱片,感觉是那么遥远、清静、舒心,给你心灵带来十二分的安抚和洗涤。我想,一张成功的水彩画作品,如能给欣赏者带来愉悦、欢快的好心情,这就是水彩画艺术的魅力。

水彩画的色调、笔触、光影、构图,对作者的要求是符合西洋审美情趣与艺术修养。没有经过几十年的刻苦钻研和专业学习是无法达到这一境界的,肇年兄的色彩画功底很深,他的画,仔细解读,您会发现,其中表现出来的不可思议的微妙的感觉和细心而明快的层次、意境,一种特有的西洋美学的气场的感染力度特别深厚浓重。

吾友宋肇年,1953 年 4 月出生于上海,毕业于上海轻工业高等专科学校美术系。当代上海著名水彩画家,全国水彩画金奖得主。中国美协会员、中国水彩画家学会会员、上海市美协会员、上海美协水彩画工作委员会理事。

肇年兄曾任职上海市黄浦区文化馆美术摄影部主任。他的水彩画作品参加中国百年水彩画展,朱家角国际水彩画双年展、深圳国际水彩画双年展,上海历届水彩画大展,历届江南之春水彩画展,屡获大奖。

2002 年水彩画《天使餐厅》获第六届全国水彩粉画展览金奖,2000 年水彩画《西递民居》获第五届全国水彩粉画展览银奖、江南之春水彩画展一等奖。

宋肇年说,相对于国画、油画来说,传入国内已有 100 多年历史的水彩画似乎一直处于一种边缘地位,但是,作为我国水彩画发源地的上海这座城市以及徐家汇旁边的土山湾画馆,对于中国水彩画的发展有不可忽视的特殊地位,当年著名画家徐泳青、李铁夫、李叔同、王济远、周湘、丁悚、张充仁等,其中很多人成为我国水彩画最早的开拓者。上海各个时期的水彩画家更为中国水彩画的启蒙、发展、成熟作出了不可替代的贡献。现代家居中布置几件色彩丰富的水彩静物、风景等题材的小品,能够给人带来一种小资情调的舒适、温馨的审美感觉。

笔者以为,中国画用笔的特点和意境的处理融会贯通,使西洋水彩画艺术具有中国民族风格。一幅水彩画佳作,充满着一股清新鲜嫩的气息,具备潇洒风雅的格调,水彩画颜色的透明性、重色彩技法、干湿技法运用,使画面显得水乳交融,带着令人微醉的特殊风韵,一阵清风,十分爽朗。水彩画是艺术情感流露的语言中的一种。画面中水的渗化作用,流动的性质,以及随机变化的笔触,让人感觉得到那种光波的流动,如梦幻、似仙境,这种意境是其他画种难以比拟的。

万苇彩墨优雅宁静

　　有人说上海工笔花鸟画家万苇的彩墨有穿越时光和空间的感觉。一个秋色初霁的傍晚,笔者与海派名作家孔明珠老师,海上名印家陆康先生同行去万苇的艺术空间作一次探索之行。走进沪城西区万苇画室所处的小区,一片湖水映入我们眼球,水尤清冽,伴着柳荫,折向远方,在晚霞中明灭可见,岸边,几梗衰荷,带来丝丝野趣,呵呵! 来年夏天一定来这里观荷赏莲!

　　万苇创作室陈设简约,墙角一只粗大的陶瓶里插着几梗干枯了的莲蓬和芦草,自然的气息一下子穿透和冲破了现代居室压抑的空间感,艺术与现代建筑的融合,便使绘画创作生活有了生机。有人说万苇是一个宁静的、有活力的画家,讲得一点不错。我们在万苇的画室里欣赏了满墙满壁的工笔彩墨画、水墨画后,的确感觉到万苇探索性的当代花鸟绘画作品是一个能穿越时光的墨彩空间美学的轨迹……

　　陆康说万苇的画,极雍容雅逸,一洗俗氛,她题画只有"万苇"两个小字落款,再钤一小印,画面呈现的是满幅宁静,一改工笔画缺乏灵动之活力,用色艳丽之恶习。可见她很懂画理,精通章法,她的画无论丈二匹还是一页小册页,布局平稳,色彩和谐,风格清心,有宋人优雅笔墨之清趣……

　　陆康的印风优雅华贵,金石气足,装饰性极强,适用在万苇的工笔画上有画龙点睛之美。他为万苇刻了"无言有情"、"我爱宁静"、"心手之间"、"如有意"、"万苇"等六方印送去,在万苇画室里,陆康与女画家当即切磋刚刚创作完成的工笔花鸟画上如何题款钤印的问题,印家与画家的互动,气氛相当活泼。

孔明珠老师认为:"万苇的画,有超前卫意识思想的考量,有当代艺术思维现实之想法,更有扎实的中国笔墨作铺垫,加上西画色彩理论的厚实功底,巧妙地运用光影的透视效果,成功地从传统中国画的枷锁中突破和穿越,前面是一片广阔的天地,同她所画的鸣禽一样,可以自由翱翔,形成了万氏花鸟当代时尚的墨彩空间,属于她自己的绘画语言与独特的水墨画的展现。"

读万苇的画,如品红酒,工笔画粗粗一看都差不多,这与品红酒一样,不经细细品尝辨别,你都认为差不多,其实包含着千变万化的风味,有青涩、有细腻、有粗犷、有思想。万苇的工笔画,笔触精细,有装饰效果,最适合有现代情趣审美观的朋友欣赏,她是用静态的手法来表现动态感觉,比如说,画面上栖着那只鸟属于静态,配景的曲线线条极富动感和张力,就打开一个特定扩展的空间感,给人一种遐想、一种猜测、一种气场,中国传统笔墨绝对无法表现出这样的审美冲击力!用现在时尚的话语来说,就是从古代到现代的"穿越"!也就是万苇现代工笔绘画语言的成功之处!

但是,万苇也是有烦恼的,她的画如何命名?如何寻找到合适用于她作品上钤印的章?每件作品的起名,如同一个婴儿的诞生,总要有名有姓吧?不可能都写"无题"吧?陆康认为,万苇的画不妨参照名画家石虎先生题图手法,用虚拟简练明快的文字组合如《韵事》、《绛》、《疏晴》、《鸣朵》、《梦羽》、《泠泠心》等来表述图画的内容,似乎更加贴切含蓄地传递万苇的绘画语言,留给观众更多的思考。假如在一幅画有山雀和百合的作品上题写《山雀百合图》那就不好白相啦!

万苇说:"艺术创作是一件很开心的事,绘画是很享乐的事,绘画与创作文学等艺术作品一样,要有虚实、轻重的节奏感,用在笔墨色彩上就是黑白、浓淡的构思,画中的空白是最难处理的,要使画面产生一种意境,给人留有对这幅作品联想、遐思、共鸣的空间,如何改变我们对传统美学的视觉习惯,挑战我们思维惯性,营造出一种全新的空间想象的绘画艺术,我一直在探索着……"

拜读了万苇的彩墨画,我想起了海上名画家陆大同先生在《自述水墨》中的几句话:"传统水墨文化在形态学的意义重要于观念上的更替,并不可避免的带上了个人的表现性情绪。能否在古代文人精神消解和失落的现状下继续获得当代语境下的延存更成为一种水墨情结……越来越喜欢简约与偶然的状态,画面的形象不是由我预先设定,而是通过对象的变化来体现的……但它大多出于偶然,它迫使我忘掉以往所积累的经验和理论,使自己放松地进入形象所存在的状态中。最后的结果并非来自初衷却又常常使我为之惊叹。"

万苇的画常常以山野水泽的珍禽为主题,或成双作对、或三五散栖、或群飞舞动,配以嘉卉异草,柔条嫩叶,温香冷玉,郁郁盈盈,别饶清芬,这是极其写实的,画面烘衬的背景以虚拟的色块、散点、线条,这是极度抽象的同步色调组合而成,两个物体的共同重合点形成一个更加奇特的感观错觉现象,视觉美术上叫"同构"。万苇画面的空白处理相当微妙。陆康看到一幅水墨鹡鸰鸟与芦花图时,突然拍案叫好,这些看似不经意的深邃空间留白部分,那点点白色的芦花映在灰色虚幻背景里,产生的视觉效果,宛若黑夜中的星空,这种大胆的构思,这种扩张空间的美学,使得画面大大透气,虚与实之间息息相通,一幅工笔画就此灵动起来,活了,他笑着说,这与他刻印的分朱布白有同工异曲之妙,看来艺术是相通的!

近年来,万苇的作品受到收藏界广泛关注和收藏,上海电视台纪实频道《收藏》栏目多次专题报道万苇的作品,万苇的彩墨、水墨画有独特、鲜明的个性风格,她在形式和表现技法上有巨大的开拓和突破,她的作品不易模仿和取代,加之万苇良好的品格和美学修养,在艺术上有不断进取的精神。因此万蒂的作品也有了很强的艺术感染力和生命力。笔者以为，万蒂的作品已经被有前瞻性的藏家认可，具有极高的欣赏、收藏价值和升值空间。

万蒂画鸟爱鸟观察鸟雀的生活，她最开心的是家里养过一对珍珠雀，某日，那对雀儿生蛋后孵出一只可爱的小雀，咪咪小，亲鸟喂养到十天后，眼未张开，万蒂按照书上介绍方法自己喂养，把小米、鸡蛋黄粉、目鱼骨粉、苹果泥拌匀后存放在冰箱里，喂鸟时用温水加热用挖耳的勺子喂食，慢慢地，那鸟儿长出小针似的羽毛，渐渐长大，绕屋飞翔，宠物小雀很顽皮，有时飞到她肩上振翅鸣叫。她作画，鸟儿会在旁边啄毛笔，跳进颜色缸里又跃到宣纸上留下带有色彩的爪痕，为她的画增添笔墨情趣，万蒂颇深有感触地说，看来大自然的精灵无论花草鸣禽都有灵性。她自从养鸟以后画笔下的鸟儿大大传神，有喜、怒、哀、乐的表情，一个艺术家的灵感要来源于生活！

我发觉万蒂画中有些花朵很奇特，不常见，花的形态好像与众不同，她笑了，说，你观察得很仔细，这里有个秘密，原来她 1980 年读工艺美校时常常去莫干山、雁荡山等名山大川写生，山里野花点缀，雨后景色更加清丽，许多山花花形细小，色泽绚烂炫目，她醉乎其中，流连忘返。再后来出外写生，一个人在山里面对满山满目陌生的野花突发奇想，把微小的花形放得极其大朵，画在纸上不就聊有新意了吗？于是，我们现在看到万蒂老师作品中的各色花朵极不寻常，仿佛出自仙界，来自太空，这些颇具现代审美装饰性意味的奇花异草跃于画上，真是耐人寻味也！

万蒂的专职是教书育人，是大学里的教授，编著了《工笔花鸟技法与创作》、《工笔禽鸟——山禽类》、《工笔花鸟十招》、《写意草虫十招》、《写意禽鸟十招》、《大学通用花鸟画教程》等十余种教材。在近三十年的教学中，经常带学生去莫干山、雁荡山、黄山等名川大山写生，我看见的万蒂的作品已经与自然融合、升腾……

林墨破笔书"老藤"

　　书画篆刻家林墨,1956 年生于上海,浙江温岭大溪人。师从海上名家林仲兴、赵冷月、韩天衡、胡振郎先生。某日,在林墨家乡浙江台州崇梵寺里,一张四尺宣纸铺在长桌上,只见林墨兄,磨墨许久,眼睛盯着那张白宣纸,凝神思索着,突然,他饱蘸浓墨,举起那管硕大羊毫笔,向空中一划,那气势,一如雄鹰展翅,饿虎扑食。说时迟那时快,笔锋已经落到纸上,左撇右捺,上下翻腾,逆锋、顺笔、转折挑出,刀光火石间,刷、刷、刷、刷地走笔神速,看得你,眼花缭乱,七荤八素,嘿!"知足常乐"四个大字已经跃然在纸上,字如千年老藤,黑白分明,枯、湿、浓、淡、飞白、厚墨反差强烈,同我一起看他书写的智才法师和一帮朋友大家看得开心,手舞足蹈地大声叫好!写毕,我拿起林墨写字的那枝笔,奇怪?怎么是枝破笔,笔毫已经参差不齐,大概是被人扔掉了他捡回来的?这叫低碳减排吧?林墨说:他就喜欢用破笔,旧笔,缺毫的笔,越破的笔到他手里写出的字更能得心应手!

　　韩门弟子林墨兄刻印亦是如此,一方印石到他手里,不用写字,他对石沉思片刻,对石下刀,三下五除二,几分钟时间,一方急就章,闲章"喫茶去"就完成啦!那印文钤在纸上,一看三字,布局,险中出奇,线条,苍苍茫茫,刀法,斩钉截铁。可见林墨兄的篆刻与书法技艺有着同工异曲的深厚的成熟功底。

　　有人问,林墨兄这手硬功夫是哪里学到手的?其实,任何艺术都要经过几十年刻苦的学习修来成果。

看看林墨艺术之路成功的轨迹：1973年始学书法，师从林仲兴、赵冷月、韩天衡、胡振郎，作品先后多次获奖。他喜欢听交响音乐，从音乐的起伏中得到灵感，把书法、刻印与音乐的节奏、轻重缓急挂上钩来，他把抑扬顿挫、大开大合的笔墨情趣运用到书画、篆刻、绘画上来。他从林仲兴那里学到扎实的基本功，他喜欢赵冷月的"孩儿体"充满了童趣，从中体会到写字要有趣味，否则就乏味。他受韩天衡老师的艺术熏陶，懂得要变，不能默守成规。

他的隶书从张迁碑入手，先后临了史晨、乙瑛、礼器、石门颂等碑帖，亦从汉简中吸取养分。篆书喜欢散氏盘、石鼓文、大盂鼎文字。他沉浸在中国传统书法中几十春秋，练出一手好书法，无论榜书小楷、真草隶篆，出手挥洒自如，线条方中寓圆、朴厚古茂，犹如枯藤老树般苍茫高古。林墨的草书得益于张旭、怀素与黄庭坚、王铎。他用破笔写的线条犹如枯藤老树，苍茫高逸，天然真趣。曾作诗记之："枯藤老树我所用，百态千姿现笔端，得来冥思非可取，天真烂漫尽知欢。"

林墨兄自我调侃说，他的人生轨迹与他的名字倒蛮吻合，父母不识字，给的名字有四根木头，木匠做了十几年。上世纪80年代，恩师韩天衡先生赐名"墨"字，与墨结缘几十年，并将延续下去。在恩师的悉心指导下，得益匪浅，影响深远。

林墨另有一绝技，教他写对联的沈树华说：林墨对诗词创作特别有灵感，你给他一个人的姓名，他在几分钟可以吟唱出一副嵌名联。他曾填词调笑令："书法，书法，五色韵出情洽，写真写草初衷，篆书隶书同乐。同乐，同乐，作伴白头寿鹤。"林墨喜欢喝茶，与友聊天。曾撰过一联："水净茶浓，三杯出至味；品端行正，一世拂清风"，轻松快乐气氛令人心旷神怡。

林墨告诉我："我与胡振郎先生情谊如同家人。胡老师用印大多出自我手，并非我刻的多么好，而是感情渗在里面。很长一段时间里，胡老师作画我都在其身旁，他的一笔一画我都看在眼里，可谓耳濡目染。有时他开玩笑地说：'林墨，我画画的技巧都给你看到了，别人我是不会这样的。'"他这带有浙江口音的话特别亲切，这种厚爱林墨非常享用，并一直铭记在心。

　　林墨老家浙江温岭，风景秀丽的方山上两年前成立了方山印社，他被聘为社长，用自己的一技之长为家乡的文化事业做点贡献。他常常去家乡崇梵寺，那里寺庙依山傍水，一泓清泉映入眼帘，智才法师与他坐在亭子里品茶听泉，看红日西沉，暮色四合，在一片松涛声中他们谈经论佛"南无阿弥陀佛"的禅乐轻轻地萦绕耳边，有一种忘忧出尘，远离颠倒梦想的感觉，我想，林墨的艺术泉源正是从这里得到真趣……

群象进山

耿忠平山水呈风骨

  吾友耿忠平兄,韩门弟子,三十余年专攻海派国画山水,曾师从山水画家张大卫、王克文先生,后又叩教于韩天衡、车鹏飞等大家,转益多师,艺益精进。我更喜欢耿兄的焦墨山水,1991 年他曾在上海朵云轩成功举办"耿忠平焦墨山水画展",当时有人评论他的绝妙之作,善用浓墨渴笔,干皴轻擦,把山石嶙峋的肌理、群峰峥嵘的气势,挥写得青山如墨呈风骨,尽扫江湖甜腻气!

  但是,对于耿忠平的画,也有批评的声音。某年,我遇到一位家住奉贤县姓陈的老板说是友人祝贺他新厂开业,求得沪上名家耿忠平一画以赠。结果,此君看了大不中意,指着画面说:"你看,你看,满纸墨色黑糊糊、焦烘烘,什么东西,咳!真是画得'一塌糊涂'。"不像他家里挂着从苏州花了二百五十元买来的那张红红绿绿还染有许多金粉的漂亮山水美女画好看!我听了暗暗发笑,心想,忠平兄啊,有人批评你了噢,你以后有时也要放下架子,画些富丽堂皇、鲜鲜亮亮讨人喜欢的生意画出手,这叫百货中百客!回过头来,我心平气和地对那位老板朋友说,我建议你回家赶快把墙壁上那张要看坏眼睛的画取下换上此幅笔墨老辣、意境高古的名家山水画,当然开公司赚钱你是高手,欣赏绘画艺术你已经落后潮流至少 30 年,我劝你还要赶快补上一课,要多到博物馆、美术馆、画廊走走,方能区别出书画的"高雅"与"恶俗"四字。现在许多老板早已经把办公室里挂着的丝绒画、行画、印刷品画、艳女挂历取下,换上沪上名家油画、国画经典作品。倘若客户来你办公室喝茶，看到大名家的书画真迹高高挂着，营造出一个文化"气场"。来客被镇住，这叫棋高一着！

耿忠平的焦墨山水画大得名画家黄宾虹、张仃之气韵，墨多于水，仿佛是一纸水迹刚干的墨拓佳作，苍苍茫茫、满幅烟霞。其实，鉴赏焦墨画就像旧时沪人吃檀香橄榄，初觉味涩，过后爽快，回味更是清香满口，使人襟怀大开。为什么黄宾虹晚年90岁后所写的山水画更受藏家青睐呢？就是有老辣的渴笔表现出极具刚韧力量的金石气线条。历史上还有大画家髡残山水画亦用秃笔渴墨写出山景的雄厚凝重，荒原的苍劲荒率，墨色厚重，格调高古。耿忠平后来又在焦墨山水的扎实根底上融入宋元各派，明清"四王"传统山水之笔墨技艺，开创出自己清雅静穆一路风格的水墨淡彩山水画，这就是我们后来看到获得圈内人士好评的他与管继平、卢俊兄分别合编出版的一字一画的《清风拂雅》、《坐看云起》书画集，使耳目一新的精品佳作的问世！

吾友耿忠平，待人接物，古道热肠，书读得多，文章写得好，多年来从事报刊编辑工作，已撰写书画篆刻友人艺术评论妙文近百篇，他是一个艺术家，一个很有生活情趣的人，活泼好动，对于饭局之约，他总是认认真真对待，从不爽约，从不迟到，从不早退，他也有缺点，嗜好杯中物，闻到酒香，眼睛发亮发光，喉咙发痒，开心得可以忘形、可以忘忧，一改平常的斯斯文文文人相，大碗喝酒，大块吃肉，大声说话……豪放洒脱的性情就像他挥毫走墨，胸中自有丘壑，中气十足！耿忠平说：他作山水画的艺术灵感的泉源常常来自好酒的醇香，来自一帮韩门好兄弟的激励，人一开心，心情放松，赴宴回家，正好是酒醒时分，静夜研墨作画灵感如泉涌，一幅幅构思好的作品往往诞生于此时，他在画室里挥毫画得亢奋时还会一个人手舞足蹈，大声唱上几句港台流行歌曲，他自己说，经常经常闷头作画，不知东方之既白，有几次家里人还误因为他晨起作画，蛮用功的。若有人问，他身体吃得消吗？沪上书画名家朱晓东兄调侃说："不要担心，耿忠平这个家伙身坯壮实，能量充沛，平时吃得多也睡得多，你就是叫他连续画上七天七夜也保证没事，但要为他准备好酒好菜，最好来几碗白切双眼皮猪头肉、红烧猪脚爪，补补元气，还有，哎！别忘了，要请个书童帮他磨墨、洗笔、煮咖啡！"

品味典藏（羊）

张之发金碧山与水

有人说工笔金碧辉煌的中国画很不耐看，不登大雅之堂，其实，话是不能这样说的，问题是画的不佳的工笔山水画，常常会落入低俗风格，沦落为市井城隍庙小商品画，俗话说外行看热闹，内行看门道，艺术亦是如此，一幅中国画，俗与雅之分，往往是在一个临界点，笔墨、构图、线条、意境要达到高逸水平程度，难以掌握，所以金碧山水当今画家一般不敢涉足。吾友沪上书画篆刻家、韩门弟子张之发兄却只身闯入此冷门画种，独辟蹊径，敢向虎山行，他的金碧山水画出类拔萃，成绩斐然，得到沪上画坛同仁和书画前辈的肯定，他的艺术含金量的品位确实蛮高！张之发近作金碧山水画给我一个惊喜，实在是大开眼界，他的金笔山水扇面画，突破了传统的意义，融合进他自己的笔墨金碧语言，他把现代画的构图和表现方式表现在传统书画中，完全是一个创新，他的金碧山水画富丽又不俗气，堂皇又不霸气，笔墨间，勾勒的条条金线里隐隐中充溢着一股唐人李思训、李昭道金碧山水的正气与逸趣。

笔者轻轻地走进"听雨楼"张之发的画室，只见他埋头作山水画正在状态中却不知道我的来到！画桌边叠着一批近期刚刚新出的扇页作品，我随手拿起一件仔细欣赏，感觉是，金光灿灿沉甸甸，手里捧着的仿佛是一座大山，我调侃说，之发兄，你的作品，好像含金量很高呀！这不就是中国绘画中当代人不敢涉足的传统"金碧山水画"？原来中国山水画有"青绿山水"及"水墨山水"、"浅绛山水"、"焦墨山水"、"泼墨泼彩山水"几种,之发兄说:不用泥金的称小青绿山水,用泥金勾勒的叫大青绿山水,俗称金碧山水,泥金用来钩染山廓、石头、水坡、沙矶、云霞,以及楼台亭阁等。他笔下的金碧山水有其自己的风格,他以古法为之,山石以勾勒为主,但在山石交接隙处略加皴擦,设色用青绿,用金粉勾山崖轮廓线,山色与渲染的白色云海相映成趣……

之发兄曾获西泠印社首届"全国篆刻作品展"优秀奖(最高奖),他雕刻印钮、刻砚、书法,创作各种大型雕塑,在沪上很有名气,是个多才多艺的艺术高人。

现为中国国家画院台州创作基地研究员、中国画家协会会员、上海美术家协会中国画委员会画师张之发自插队返城后,凭得一手木雕高技,考进上海友谊商店古玩研究室。先后担任木雕、石雕、篆刻、书法、绘画等仿制和研究工作,并拜在韩天衡先生等名家门下。三十多个寒暑,张之发逐渐喜欢上"色彩明艳、清新婉畅、精工雅丽"的青绿山水绘画风格。而这风格在中国绘画史上有着优秀的传承。而至此张之发不但追溯了张大千、清四王、明四家(沈周、文徵明、唐寅、仇英),更是循迹元黄公望、王蒙、南宋夏圭,吸收了历代山水画名家的精华。

张之发的青绿山水画则取法于沈周、文徵明、仇英等青绿山水,表现出瑰丽雅逸、秀逸旷达之画风。他笔下的山水形象色彩明亮,清丽婉畅,精工雅秀,用墨用色含蓄蕴藉,笔墨线条风格劲峭,勾兰皴擦,涂染施彩皆能灵妙秀润。

吾观之发兄大作《高士诗意图》画面景色清逸,云霞缥缈,山峦起伏,沟壑纵横,一叶小舟荡碧水,数枝新柳拂春风。高士看景走在前,童子携琴随后跟,笔墨技巧大得董源之法,马远之神。上题古诗一首:"老至谁怜昼锦明,春来聊得客襟清,宵依星斗宫墙卧,晓旁神仙宅舍行。眼看山多城郭少,肩挑诗重簿书轻。何时总入烟霞去,不见人间宠辱惊。"

曾听沪上刻印巨擘巨来先生说:"大千先生的金碧国画画技是他在

日本吸收的金碧装饰性画风又结合了唐朝李思训父子的'金碧山水'画法,他从敦煌回来之后画风转变,要有深厚的中国传统功力才能画出,此画是他在民国年间从广东路古玩冷摊花几块银元购得,他说,金碧山水一般人画不好的,难度很高,要有些天赋才行……"

我想,之发兄的"金碧山水"创作,在中国传统书画中走的是一条挑战自我的崎岖山路,虽然险峻,但前程是辉煌的!

民俗印

孙君辉印含安持韵

　　"君君啊，天热，倒杯茶来给杨忠明。"这是笔者在上世纪七十年代末去富民路上海老洋房"安持精舍"叩访陈巨老时，巨来先生说的话。一晃几十春秋闪过，近日与旧友君辉兄小聚，我眼前的陈巨来外孙孙君辉已经从当年坐在方桌前不声不响的一个小青年成为当今沪上知名篆刻家。席间，君辉赠我一册上海书画出版社出版的《孙君辉印稿》，打开扉页，几行熟悉的字跳入眼里，印坛巨擘陈巨来题"孙君辉印稿，外孙君辉字元可，二十岁从余学治印仅四载似略有寸进，今属钤此数方藉求当代大雅宏达不吝匡缪，是所望焉，七十六叟陈巨来。"册中一幅上海大画家刘旦宅癸亥春为君君题画的"久竹居治印图"是对孙君辉刻印艺术成绩的充分肯定和鼓励。

　　近十年来中国印坛天翻地覆，风起云涌，中国古老篆刻治印之艺已从旧时文人墨客私下把玩的雕虫小技的书斋画室里走向世界。"中国印"朱红映天下，海内出名家。曾听巨来先生说：杨忠明啊，刻字社里图章刻得老举的，手势熟练，一天刻十来只没有问题，他还看见上海苏州河桥堍下竟然还有人站着刻印的，几分钟刻一只，不用写印稿，直接刻，本事真大啊，那是用来领薪水的叫"图书"，与"篆刻艺术"根本是两回事。他刻的元朱文、满白文，那是要动透脑筋的，刻印容易，写印稿难，所谓"七分篆字三分刻"。有时，弄只印稿，写到深更半夜自己也不满意，香烟抽了不少，太累了，第二天去沧州书场听书，竟然呼呼地睡着了，一醒，哈哈！散场啦,旁边几个老听客还寻我开心说他夜里做贼去啦……嗨！还是拿杆毛笔蘸点墨水涂涂画画松树来得咯好白相,画出一枝是一枝,要比刻图章惬意快活多啦。

陈巨来先生常常对自己的外孙君君说:"不要以为你外公是上海刻印名家,你也可以顺其自然地成为印家,刻图章要比画画难得多,刻印学写篆文章法布局第一,刻出的线条挺括遒劲,那是积聚几十年的功力,跟我学印的人不少,只有小康(陆康)、徐云叔二人能够领悟我刻元朱文印个中的奥秘,最有潜力,学治印要勤奋加悟性,方能成功。"我想,所以巨老当年为自己的外孙君君题辞中说君君"刻印四载,略有寸进"。这个"寸进"说得恰到好处,也是有道理的。

孙君辉13岁师随其外公巨来翁学习刻印,初学写峄山碑、礼器碑书法,摹刻汉印,从前我到巨来先生书斋,常常看到君辉伏案写字作印,巨老在旁亲授,一笔一画,一刀一字,巨老有时发火也要骂的,他对君君说,篆刻,当篆文印稿写好后,刻时用刀要注意小的微妙之处,印文线条、边栏结合处的鲜头所在,转弯抹角更要小心处置,何处方角,何处圆势,线条的转折起笔处都有讲究,不可乱来。君君说外公对他说,学习刻印,要多拜读明清和近代大印家的印蜕作品,多读印谱,从中汲取养分,刻印就能够进步。刻得不好的印,最好不要多看,同样,一个人要想延寿,就得多观美人,所谓美意延年。高络园91岁时,陈巨来71岁,那年刻了方"高络园九十后作"印,这是块寿山石,刻边款时巨来先生发现此石侧面石纹色彩中隐隐约约像藏着个长发美人图像,巨来先生笑着说:"高络园得此石,日日看到美女像,当然可以长寿啦!"

君辉说:从前来看望外公的朋友大多是沪上文化名人,有刘旦宅、程十发、高络园、施蛰存、郑逸梅等大家,他曾在高络园书斋里看到许多名家印章、印蜕、拓片、田黄、鸡血石。外公过世后,君辉从顾廷龙先生游,又学到不少金石文字方面的知识,上世纪八十年代孙君辉到上海友谊商店古玩部工作,从事古旧艺术品、印章、印石的鉴定销售业务,在那里大开眼界,见到不少明清、民国篆刻大家的刻印旧作石章真品,为他后来刻印提供了充实的第一手参考资料。

闪过一个念头,当今印章藏家和印家的口味已从喜欢老辣、急就、狂野一路峰回路转回归到工整娟秀的元朱文、满白文、鸟虫篆,更适合当代审美情趣观和典雅的艺术视野,是时代时尚的选择,当我们品茶之余,静心来欣赏一件恬静典雅的元朱文印时,赏心悦目的感觉油然而至,可以调节人们浮躁的心态。其实,艺术是相通的,无论国画、诗歌、雕塑,一件高雅的作品都会给你愉悦的心情,美好的回味……

从不在大庭广众对外声张外公是沪上印坛巨擘陈巨来,做人绝对低调的孙君辉兄,数十年来潜心于方寸之间,默默笔墨刀耕在刻印之路上所取得的成就,诚可喜可贺!孙君辉还帮沪上一些书画名家刻了许多印,为《文汇报》等刻刊头专题印,获得编辑们的好评,这是点点滴滴的积累,此册孙君辉印稿作品问世,是他成功的喜悦,元朱文印彰显出亭匀秀美的韵味儿,满白印充溢着雅逸醇厚的风度。其中元可(孙君辉)刻满白文印:"顾廷龙"三字,线条圆满醇古,疏密恰当。"顾廷龙九十后作"元朱文七字印,笔势圆转流畅,线条干净利落,给人以优美秀润之感觉,诚如顾廷龙先生题元可(孙君辉)印存时所赞:"颇得其外祖遗风,刀笔精工,近所罕见,喜欢无量……"

李唯茶印两清心

　　"哈哈！刚刚有朋友从西安寄来两只瓦当，请你快过来看看吧！"电话那头传来海上名印家李唯兄的爽朗笑声，我倒要去看看，一个醉心于茶文化的印人，一个儒雅闲适的李唯，这位老兄最近又在玩什么花样呢？什么瓦当？当心吃到假货赝品，这年头古玩行当仿造成灾……我来到他的书斋，果然有两只瓦当静静地躺在书案上，我拿起把玩品赏两面翻看，嘿！开门见山，果然是西汉之真物，瓦当铭文分别是："与华无极"、"与华相宜"，其中一只边缘微微有些残损，但风化咬土自然，包浆润化质朴，一任两千年风雨冲刷，遗留下岁月的印痕更是显得斑斑驳驳，饱经沧桑，其貌，宛若两块传世古玉。观之可以清心，可以悦目。这么好的品相的瓦当旧物现在市面上大概已经少见了。

　　然而，吸引我眼球的不只是那两个古瓦当，而是桌旁几幅别有笔墨清趣的纸，显然是墨迹未干，但字里行间墨色闪烁处别饶古意，好像刚刚新鲜出自敦煌王道士那里藏经的土洞里。在去年完成《李唯茶语印谱》之后的李唯兄还善于写经书？倒是从未见过，大饱眼福了！他告诉我，近一年中把自己关起门来沉浸其中，潜心研究唐人经书体，除了刻些茶文化印，完成朋好求刻的印章之外，他尝试换一种新玩法的乐趣，焚香一支，写点自己喜欢的写经书体字，放松精神，求得平静，这次，他考虑的重点是对书法体嬗变期上探寻摸索新的艺术天地，从写字中体味个中意趣，融会贯通，欲期在创作上化古为今，别开蹊径……

说到书法,李唯认为:"小楷书法自钟繇、王羲之、赵孟頫、董其昌、王宠、文徵明等千百年来一脉相承,走的都是帖学一路,及至敦煌藏经洞的打开,才为小楷书法的发展开启了别有洞天的一页,给后来研究书法习字者提供了缤纷多姿的字体,其实这是古代平民百姓所写的平常书体,后来的士大夫们一看,恍然大悟,喔唷!原来毛笔墨书也可以随意生发,毫无拘束地自由发挥这样畅快地写啊,它把千年以来文人学士恭恭敬敬临帖写书法精神捆绑一下子给解放了!

　　经书,也叫和经生书,是咱们中国书法中的瑰宝,特别是三国两晋至南北朝时代的经书作品别具草情隶意,间隶间楷的写法为书法艺术的传承与创新提供了耐人寻味的原始信息,是一座有待深入挖掘的高品位的书法艺术金矿!

　　身为中国大印家韩天衡先生的及门弟子,李唯兄与别人不一样,有思想、有个性、有逸趣,上海人叫"会白相",清茶一杯自酌自饮,佳石几方自赏自喜。他在书法篆刻上更有一份好古之心,食古而不僵化,他对于人生的理解是有想法的,他说:"人毕竟有别于一般动物,温饱之余一定会有精神上的追求,年届中年,释躁平矜,在从事日常的教育工作之余,读老书、看古画、写旧字、刻汉印、赏昆曲、听评弹、饲游鱼、莳时花、弄闲草、品佳茗以为乐事。"旁人观之李唯兄,真不知观鱼之乐者,更不知游鱼之乐也。李唯能静中得乐,闹里寻幽,雾里看花,水中望月,老庄之心,禅定之神,皆从佛经、茶道、书道、笔墨逸趣中悟得大千世界之真谛,从佛法中心灵获得护佑。看天上云开云散皆是舒心清韵,观地中花放花谢俱为赏心乐事。即所谓,忙是福,闲是宝,人生难得半日闲,人生一半要放松,李唯一有闲暇之时,便往山山水水奔去,云游四方,访古镇,觅旧迹,寻禅寺、搜古物,采得一点大自然之真气,胸中积淀的那点都市俗尘浊气被山间的明月、清风、奔泉、流云洗涤得一干二净,以清和闲雅的文人性情,来解读这个红尘十丈充满诱惑的大千世界。今细拜观其多幅新写《心经》,

可谓妙笔生花,金石内存,真气充溢,了无俗尘,他通过书写《心经》来调适身心,怀有一颗平常心的清凉境地!这是李唯兄难能可贵的书刻艺术造化人生征途精神上的一大跨越,诚可喜可贺!

李唯兄师从韩天衡先生数十年,学到一手治印真功夫,刻印技艺已经达到炉火纯青的境界。他说:"记得清人徐坚在《印笺说》中有那么一句话:作印须于兴到时,明窗净几,茶熟香清,摩挲佳石偶然欲作……"

我想,李唯兄大概是对徐坚之说,有所悟?研习治印,摸着石头喝茶的他,沉浸于中国茶文化有年,他探索茶文化、寻访古迹、品味名茶,如痴如醉。春风秋月时光如流水,李唯静心在他的书斋抱月精舍中读书、品茶、玩石、治印以为乐事,篆刻之道渐入佳境,分朱布白、点墨成趣,近年来刻制中国茶文化诗文佳句系列印,大大小小凡百余方,煌煌烨烨放满一书桌,古气盎然,彪炳照眼,令人目不暇接,这是"老茶客"李唯的独创之举,尽茶香之清,金石之雅。身为美术专业教师的李唯,早年师从上海著名篆刻家韩天衡先生,继而又得著名印家刘一闻、陆康先生指授,艺事日益精进,其篆刻作品入展一至五届全国大展,曾多次参加西泠印社国际展。

某日,我与李唯在海上老茶馆品尝佳茗,闲聊时,问起他对于这组中国茶文化印的创作意图时,李唯说:茶文化是中华民族传统文化中的一个重要分支,人们在各自不同的生活层面上有滋有味地喝茶品茗,用各自不同的文学、艺术手段记录或表述万千茶事。诗人咏茶,画师绘茶,书家写茶,作家记茶,积淀成丰富的茶文化。我用篆刻形式表现茶的文化,只是一种尝试,茶文化与中国印结合的艺术思路,不仅是创作环境的铺垫和映衬,而且在审美情趣上也具有相当的一致性。李唯刻印曾经走过从表象到具象、由新潮到古典的道路,他在着手茶文化印创作时,从阅读—感悟—创作的交替生发,使他对这组印的创作脉络日益清晰起来。他对秦汉古印、汉瓦当、汉砖的摩挲拓制,对汉画像拓片的收集,对汉唐釉陶罐的把玩，对古家具的集藏，并从种竹、莳花、喂鱼、弄龟中去体悟古人的悠闲情怀，寻找旧时文人墨客那份从容与优雅，藉此作为文化底蕴，从源头上滋养并丰富了他的茶文化印的创作。可以看出李唯的这组茶文化印以典雅文静为创作基调，刀法上则注入了时代气息。他的"茶香"瓦当印，形式古拙，布局有新意，二字上半部分篆文左右呼应，下半部分笔画有意舒展略带卷曲变形，一如朱凤双双飞舞，惟妙惟肖。"茶为国饮"白文印，四字线条厚实，印文从敧侧间求得平衡，灵动中含有静意，不失为一方成功之作。前几年，李唯在乌镇访卢阁中品茶，见到一个小竹炉，内置宜兴炉具，及专为访卢阁定制的紫砂提梁壶，别饶逸致，大有东坡先生的"松风竹炉，提壶相呼"之意味，欢喜之心油然而生，询之为非卖品，当店主知道他是上海"茶、印"文化的发烧友后，慷慨以赠，李唯叹：素昧平生，茶缘结友，今得竹炉，我心一醉。

2009年8月澳门印社出版社出版发行了《李唯茶语印谱》，封面是韩天衡先生题签。封里是大印家刘一闻先生题"卷中岁月，茶里文化"、印坛大家陆康先生题"茶印同参"，沪上名作家沈嘉禄先生欣然提笔作长序"一壶茶、一方印，在心的深处"。此印谱问世，喜欢茶和印章的朋友纷纷购之收藏，这是当年海派茶、印文化的一段佳话了。

我见李唯楼上客厅墙上张挂着他自己撰句，并由刘一闻先生书写的"卷中岁月，茶里神仙"行书对联，那清朗飘逸的墨迹，当是抱月精舍主人的心灵独白。

窗外，一轮明月，徘徊于斗牛之间，几缕清辉，朦朦胧胧地斜照进抱月精舍，和那一叠叠茶、印文化的旧书上……

陈英丹青出新意

　　沪上名画家陈英，女中豪杰，聪颖好学，擅画丹青有年，吾观其所作墨竹颇得古人之意，笔墨精良，挥洒自如，大有逸趣，其彩墨牡丹意态脱俗，红英璀璨，大得富贵之气。陈英画荷用笔高古，素蕊芳菲，相映生姿，别具一格，自饶春阳夏日的气息，是一种正能量的发挥。

　　今见陈英出示甲午春手绘国宝大熊猫图数轴，熊猫数只，着墨不多，神情毕肖，惟妙惟肖，满纸清芬，充满童趣，水墨淡淡，情趣浓浓，挥毫添景勾勒出熊猫动静嬉戏，顾盼生欢，祥和雅乐，画幅构图疏密恰当，画出了陈英画熊猫笔下的可爱、憨厚、善良之趣，传神妙笔别成风格。

　　陈英说，她喜欢熊猫吃素食翠竹叶时的闲雅性情，安安静静，温和平淡的肢体语言，还有那与世无争的内在性格和脾气。熊猫色分黑白，摒除了杂色的纷扰，正好顺应了当代中国水墨艺术审美中的黑白情趣的自然流露。探索从画熊猫的黑与白的强烈对比中获得极大的艺术愉悦。当今艺术世界充满浮躁心情，她要静下来从画熊猫的过程中取得中国水墨画的简约与偶然的思想状态，追寻中国画中线条平静与紧张状态之间的艺术审美价值……

　　欣闻近日有"笔墨清趣——陈英书画展"将于上海朵云轩揭幕，布展前笔者有幸拜观上海教育界女画家陈英的花鸟画作品，一幅幅欣赏完毕，给我感觉是，陈英的花鸟竹石水墨淋漓，充满灵气，墨晕生动，布局新颖，有时代气息。陈英任职于上海市建平高级中学。是福建省三明市书法家协会、美术家协会会员。先后拜海上画家李元勋和花鸟画大家江寒汀的得意门生徐放先生为师,2009 年又拜陈茗屋先生研习书法。陈英虽然步入中国绘画之门较晚,但她是一位有悟性、聪明的画家,其作品曾屡次获奖,近期也有两幅作品入展《丹青歌盛事·翰墨谱新篇》炎黄子孙喜迎党的十八大名家书画联展等。

江寒汀大师的画是有生命力、有笔墨清趣的,陈英传承了江派花鸟画的笔墨神韵,纸上清趣,又掺和了名印家陈茗屋先生书法金石气,使得江寒汀画派赋有新的内容与活力。

我喜欢陈英画墨竹,她有"江虚谷"的意味,水墨画中蕴含着刚毅和张力,墨色清丽脱俗,用笔果断如铁笔写出,画面繁而不乱,笔底墨色水分掌握恰到好处,几枝竹叶,浓墨画出,密不透风,更有妙着就是几笔极淡之叶,空虚通透,挥洒自如,符合自然法则,即所谓中国画中的要诀"顺其自然、随意生发"。还有中国书法中线条的"屋漏痕",这都是女画家陈英花鸟画中笔墨清趣的微妙之处。

今年元旦后几日,沪上女画家陈英水墨大写意花卉画展又一次在南京路朵云轩展览,开幕之日,展会上人头攒动,参观的人评价她的画出手不凡,笔墨功底深厚,得江派画风之真髓。当我们在欣赏陈英的作品时,可以看出,她在继承中国传统国画水墨的扎实基础上有所创新,综观她运笔、布局可以看出此位女画家对于中国几千年的绘画艺术有她的感觉与领会,虽然陈英涉足中国画坛时间不长,踏进艺术之门走的路也不长,但是凭她的胆略和才情足可以胜过一般画者几十年的路程。即所谓,青出于蓝,而胜于蓝。她的水墨花鸟作品大胆泼辣,斩钉截铁,气韵、墨色、线条与众不同,给读画者带来一种正能量的信息,传递出她自己的笔墨语言对中国水墨画的独特理解和悟性。

朵云轩展览会上二十余件梅兰竹菊四君子水墨作品当场被她的粉丝们贴红纸条请回,有朋友说:"陈英女史是画家中的教师,教师中的画家。她笔下的中国水墨画作品有古意、有鲜头,有动感、有清趣、有才情、有思想。"

近日陈英老师亮出几幅她新近创作的彩墨荷花图,我甫一看,大跌眼镜,充满疑惑地问:这是你画的作品吗?怎么风起云涌,数月不见,画风大改呀?再仔细欣赏良久,不由拍案叫好!哈哈!这不是中国瓷器中的"素三彩"吗?!所谓素三彩,瓷器釉彩名,由绿、黄、茄紫三色而烧成。始于明正德年间,清康熙时继续烧制。素三彩瓷是瓷器釉上彩品种之一,是以黄、绿、紫三色为主的瓷器,其实并不限于此三色,但不用红色艳色,就是素三色的氛围啦!

陈英此幅《荷塘清趣》小清心作品底色用大片水墨铺垫,真够大胆!墨色深深浅浅、浓浓淡淡、虚虚实实、有有无无、若隐若现,就像一件景德镇古窑刚刚烧出的中国瓷器的釉色,颇有玩味,画中田田荷叶用青翠色画出,用色用笔有轻重之分,大写意手法,又带点儿西洋画的抽象意味,让人观之这是夏日池塘微风吹来,涟漪拂动,给人以清逸动感的联想,画面上方用较深的绿色撇出柳叶,笔笔工笔,含蓄又不张扬。画幅上部中间留白,但见墨,不见白,但见色,不见水,这是作者构思巧妙的一着,颇见心思,你看那竹子随风飘拂,与池里的荷叶上下呼应,朵朵白莲花点缀其中,画龙点睛,组合成完美的图画,给人以清心悦目,但有清代瓷器素三彩的韵味效果,夏日读之,满目生凉,令人宜远,这是一幅充满中西结合绘画审美情趣的成功作品!

彭鸣亮制壶新创意

　　眼前,一把油亮亮、光闪闪,色泽、造型都特别奇怪的茶壶,黄褐色调中夹杂着少许奶油基色,仔细品鉴这把茶壶的材质不是紫砂,不是瓷器,更不是用石头雕刻的,在场的几位艺术界朋友欣赏过后认为此壶的设计思路大有新意。"这是我最近新创作的'红顶商人'日本古陶茶壶。这与传统的紫砂壶有什么不一样?"上海著名抽象派油画家彭鸣亮说道。

　　噢!原来是中日艺术家最新结合的陶艺壶,呈现出东方女性曲线美,富含西方抽象画的元素,这是一把极有新时代气息时尚风格的茶壶。使中国茶文化中几千年来的传统概念,亘古不变的传统制壶艺术在此产生裂变、重新得到新生!

　　这把中国抽象画家彭鸣亮与日本古陶备前烧陶艺家山根正章共同研制的日本古陶茶壶,壶式特别雅致颇有古意,但是,此壶创意的泉源却是来自彭鸣亮对于宜兴紫砂壶的突发灵感,此壶冠名为"红顶商人",特点是打破了中国紫砂壶传统的重心,在中间追求平衡、完美的方式,此壶是在不平衡中追求平衡,有向前冲的感觉,有力量感,能呼应当代中国的大背景,代表了现代的审美趋势,从中国传统茶壶出发,但不受到传统茶壶造型的束缚,也给专业制壶的那些工艺师们一个创作的启迪,我们见到中国许多制壶大师的作品,工艺虽然精湛,但造型实在是缺乏创造力,使得当今紫砂壶制作艺术的高度到了一个瓶颈口,我们在设计理念上要有突破,要有新思路、新样式,可能上海艺术家彭鸣亮设计的茶壶造型会起到抛砖引玉的作用，我也看到不少艺术家与壶艺师合作的作品，但是，改变传统茶壶造型，我所看到的彭鸣亮是几百年来的第一人！而且，中国名画家与海外陶艺家合作制壶的，也是中国第一人！笔者认为，也不妨中国的陶艺家们走出国门与海外艺术家、陶艺家们合作，可以碰擦出新的火花、新的气象！

彭鸣亮先生在十余年前就喜欢紫砂壶，他曾无数次去过宜兴窑上，他与宜兴制壶大师吕尧臣、吕俊杰父子是好朋友，他们在探索艺术时也说到中国的茶壶创新问题上，吕氏父子曾调侃彭鸣亮说："哪一天你按油画上那个饱满的弧线臀部设计一把茶壶，也许会很好看呐！"嘿！当年的一句笑话现在已经实现了。

民俗印

王安宇微雕出绝活

　　曾听郑逸梅先生讲老上海有个叫薛佛影的细刻工艺大师能在饭粒大小的象牙粒上密密麻麻地刻上一百多个字，用倍数最大的放大镜窥看，字的波磔点划，一笔不苟，称为绝技也！

　　我认识的书画篆刻名家不少，可是搞微雕的人却是凤毛麟角，据说是学刻微雕难度高，损目伤神，一般人难以掌握此中秘技，首先要在书法、国画、刻印艺术上有一定基础后才敢涉足如此高难度的微观世界的艺术领地。最近笔者到旧友隐溪道人王安宇的书斋顺古堂游，见到许多旧牙章，仔细观赏，原来都是些牙雕微刻艺术印章，我只知道他原来是学印钮篆刻国画的，近十余年来王兄隐居沪南老街一隅，专事微雕研究，十年磨一剑，发刃炼就新海派风格的微雕山水作品，受到沪上藏家青睐，登门求者纷至沓来。一个艺术家的成功不是一蹴而就的事，早年的王安宇曾师随海上顾懋钧、潘勤孟、柳北野先生得到艺术上的启蒙，后又跟林仲兴、叶隐谷、张用博先生学书画篆刻艺术。上世纪七十年代我曾在郑逸老处见过薛佛影大师的象牙细刻文字作品，郑老说："忠明，你拿放大镜仔细看看，这比蚁足还要小的文字，却刻得有行云流水般的气息，有古代碑帖的旧韵，文字不僵不乱，这是微刻的最高境界啦。那些刻得不好的微刻，是拿着尖刀在材质上兜着圈子平划，没有书法中抑扬顿挫的艺术感觉。"

　　综观隐溪道人王君所作山水微雕，大概是我看到微刻中的绝品之一：一幅六尺的"四王"山水画被微缩到牙章上，肉眼望去，而视茫茫，隐隐约约古画神韵犹在，借助放大镜一看，啊呀，清楚得不得了！见小小一枚旧象牙上山峦、石峰、水坡、飞瀑、修竹、长松虚虚实实，历历在目，布局疏朗，皴法微妙，合符传统笔墨的山水画线条有的要比蜘蛛网丝还要纤细，画面题款，笔画清晰，饶有古趣，我问刻一方作品要花多少时间？答：三四天，一根根线条都要交待清楚，不敢丁点马虎，全凭眼力和手腕的功底。王兄还赠我一册《隐溪道人微雕作品集》。一则旧闻：1956年6月27日《解放日报》头版新闻"一颗精致的象牙图章"，说的是上海刻字工人李义达在不到一平方寸象牙图章的侧面把（苏联）太平洋海军舰队司令访问上海的讲话，上海市领导，海军领导同志的三段讲话用比头发丝还要细的书法文字组成大红喜字，铁锚、中苏国旗共2 047字全部刻在一方象牙印章上，章底刻印，花了他四天五夜时间，完成了李义达有生以来最有意义的劳动，赠送给苏联海军司令。巧的是这位当年沪上新闻人物，微刻家李义达先生正是今天海派微雕高手隐溪道人王安宇的亲戚。我想，隐溪道人王安宇今天的微刻绝技的成功绝不是空中楼阁……

我们见到的微刻刀法以平面线刻为主，细刻以三角刀、斜口刀刻法为主，刻出的线条刚劲有力，但圆润转折不足。薛佛影根据毛笔的构造原理，采用圆刀刻法，一刀落下三面见锋，因而可以惟妙惟肖地表现书画的各种笔墨韵味。海派微雕微刻以上海艺术家们独特的创意思维方式，追求其形神兼备的笔法、章法、意境和气韵等艺术手法来完成作品。

刘国斌心有闲情藏厚德

最近老刘有点忙,天南海北到处逛,公司开会三六九,玩漆弄瓷四五六,周日吴江美食尝……停! 先问:"老刘忙"是谁? 吾友刘国斌先生! 因为一直很忙,人称"老刘忙",与上海闲话中的"老流氓"谐音,有点恶搞的味道。但国斌兄很大气,眉毛一扬,昂首笑纳。国斌身高马大,气宇轩昂,举止儒雅,一表人才,智商高不稀奇,情商高才有女人缘。国斌就是这样的人。他曾经长期在雀巢公司工作,现在是UTC行家的副总裁,无论在哪家企业,都有亮瞎眼的业绩做出来。所以沪上著名作家沈嘉禄先生曾在网上以打油诗点赞他,其中有一联:曾撷红豆("红豆"此处为咖啡豆的代称)霸南国,又拖箱包称行家("行家"也是公司名称)。

国斌兄几十年来走南闯北,但无论在哪里,总怀有一颗爱美之心,这个美,就是中华文明之美。他的业余爱好特别多,研究并收藏陶瓷、书画、紫砂、印章、漆艺等,还精于品茶、品酒。一年四季的美食他也不肯错过,春尝刀鱼秋啖蟹,冬吃羊肉夏糟虾,再来大碗奥灶面,外加一盆酱爆茄。

刘国斌热爱传统艺术其实是很早的,在上世纪七十年代就拜蒋凤仪先生为师,专攻隶书,临汉碑和邓石如书法。蒋凤仪是上海市文史研究馆馆员、中国书协会名誉理事、半江诗社名誉社长,上海老城隍庙内"豫园商场"、"湖心亭"、"松云楼"、"丽云阁"等匾额均出其手,他还为《家》《海魂》《祥林嫂》《庐山恋》《开枪为他送行》等五十余部电影题写片名,为上海玉佛寺、龙华寺、宁波天童寺、镇江金山寺等处题字刻碑。

蒋老首次与国斌兄见面就拿了一册《邓石如隶书》嘱他回家好好临摹。他池临之余,又摹了一册"双钩本"。呈蒋先生一看,先生大喜,当即题了"邓石如隶书双钩本"的签条,让他妥善保存。三十多年过去了,这本保存在"厚德堂"中因不断摩挲而烂熟的"双钩本",成了国斌宝贵的财富。

在蒋凤仪先生身边的那些日子里,刘国斌拜识了海上名宿孙大雨、苏局仙、朱孔阳、王退斋、唐錬百等老先生,听他们谈艺术,谈上海掌故,谈人生经验,获益匪浅。1984年,刘国斌的书法作品已经在沪上玉佛寺法物流通处展示,深受日本、东南亚以及台湾地区朋友的青睐,认购者无数。

近年来,刘国斌又师从沪上书法大家张森先生,使自己在书法理论和技法上更上一层楼。他跟沪上著名画家江宏先生也非常投缘,从恢翁那里学到不少鉴赏传统绘画的知识。上世纪八十年代,刘国斌通过其在上海工艺品进出口公司任职的父亲结识了沈胜利先生,从此融入古玩收藏圈。沈胜利,上海古玩界的老法师,从上世纪五十年代就开始从事书画、竹、木、牙、铜、石、西洋钟表等专业鉴定,古玉和瓷器的鉴定水平在国内享有盛誉,刘国斌跟随沈胜利三十年来,出入文物商店、友谊商店、藏宝楼以及各大拍卖场所,鉴古无数,在漆器、瓷器、砚台等鉴赏收藏中,成绩斐然。今年,沈胜利与国斌兄一起编写的一本关于历代瓷片的书即将出版,朋友们都等着捧读啦。

听说"老刘忙"后来被"漆"粘住,越陷越深,到了不能自拔的境地,或问:什么漆这么厉害,能够把人粘住?是大漆!大漆是生漆熬制出来的,生漆是树脂原液,天然生漆是我国特产之一,在中国几千年的历史长河中应用源远流长,史料记载"漆之为用也,始于书竹简,而舜作食器,黑漆之,禹作祭器,黑漆其外,朱画其内。"湖南马王堆考古发现许多汉代漆器,光彩照人。当你到江南、福州一带古镇旅游,有些老屋中残存一些民用漆器,朱漆提篮、黑漆茶叶罐、朱金木雕家具、黑漆螺钿镶嵌家具等包浆润泽,灼灼亮眼。

刘国斌说:十余年前,他被雀巢公司派驻福州开拓市场,遇到一位对历史与考古颇有研究的朋友,此人叫余闻荣,劝国斌不妨关注一下福州大漆艺术品收藏与行情。之后经余闻荣的引见,刘国斌结识了福州当代漆艺界的大腕唐明修先生。唐先生效法古人,大隐于市,在有"福州后花园"之称的北峰,盖了一幢房子,用最原始的材料布置了简单却天趣盎然的闽南园林,并命名为"漆园"。刘国斌步入唐明修隐居的大山深处,感受"出入唯山鸟,幽深无世人"那种满目苍翠的宁静氛围,看到满屋子的古陶器、旧木器、旧漆器,眼前的一切定格仿佛在千年的时光一瞬间。特别是欣赏了唐明修创作的别具风格的大漆作品后,国斌被震撼了:原来中国古老的大漆艺术可以这样玩?

刘国斌取出带来的食物与酒茶,就拉着唐明修先生面对山石,盘坐在水塘边,月光下,树影里,俩人边喝边聊,话题是漆的艺术与人生感悟⋯⋯

这一夜刘国斌就住在山里,窗外,月明星稀山风起,烟笼寒水暝禽栖,正如沈嘉禄先生在一篇专门为大漆而写的妙文中所说:"北峰的俊朗与氤氲,修炼着唐明修,也滋养着刘国斌的心灵。"

中国美术学院院长许江是唐明修的同学,2006年他很有眼光地创建了中国高校中第一个纯粹的漆艺专业,并请唐明修出山,担任漆艺术研究中心主任。在唐明修动身告别福州之前,国斌兄敏锐地感到中国漆艺的价值一定会重新发现、重新评价,遂与朋友集资,在当代漆艺尚不为人们所知的情况下,大胆收藏了一大批漆画漆屏。现在这些漆画漆屏也成了厚德堂的亮点。有些漆艺家找到国斌,提出愿出数倍于前的价格将他收藏的漆画赎回来。国斌笑着说:"卖出的漆画嫁出的女,我会好好善待她的，让她的美丽获得更多的赏识，放心吧！"

为了推广中国的漆文化，近年来国斌还应邀在上海中国画院、上海市收藏鉴赏家协会、思南公馆等地举办大漆艺术欣赏讲座，为大漆艺术的复兴和推广做出了可贵的贡献。

UTC行家总部设在太湖边上的苏州市吴江区，刘国斌无意中觅到一件六角旧井栏，镌刻"厚德堂刘置，民国三十三年四月吉日"多字，大喜！遂把斋名起为"厚德堂"。刘国斌在那里也交了不少朋友，他们中多的是美食家，对吴越美食特别偏爱，国斌经常与一班趣味相投的吴江朋友深入七都、庙港等地寻访民间美食，把东太湖沿岸的酱蹄髈、香青菜、大头菜、塘鳢鱼等带回上海与友人们分享。在苏州名士叶放先生的引见下，刘国斌还常常出入各地的文人雅集，朋友小聚，品茶、挥毫、寻古、听戏、赏花，不亦乐乎！

刘国斌

听"蟹王"说蟹的故事

上世纪八十年代,上海小菜场里常常看到一种浙江舟山来的海蟹,重约1到2两,壳色灰褐,名曰:"沙蟹",有的还是活的,价格便宜,深受沪上煮妇们的青睐。沙蟹肉虽不多,油炒后嚼嚼味道还是蛮鲜美的,后来这种蟹消失得无影无踪,到什么地方去了呢?最近遇到"蟹王"陈卫平先生,告诉我其中的秘密,喔!原来这些不起眼的沙蟹都被蟹肉出口企业收购去派大用场啦!

陈卫平先生,山东莱州人,经营海产冻品数十年,有人称他"蟹王",对于螃蟹研究很深的陈卫平说,渤海湾的三山岛盛产全国最好吃的海螃蟹,他是吃这里的海蟹长大,春天梭子蟹一个一斤半重,红膏满肚,秋天的蟹壮实,肉肥鲜美,肉质口感与中国沿海其他地方产的不一样。

他说,海蟹与水温有着很大的关系,海水越凉,蟹、鱼、虾越好吃,俄罗斯的海参崴、美国的阿拉斯加、日本海的蟹肉最肥美。北欧的三文鱼、金枪鱼红色的鱼肉里有一块块白色的是脂肪,吃到嘴里有含化感,就是深海鱼油,对心血管有保健作用。

"蟹"是个很厉害的家伙,横行霸道,张牙舞爪,一切东西靠不了它的边。陈卫平说三则故事说明蟹的厉害:某年秋天他在山东海边开会,海蟹造成1 800人集体中毒,原来那些熟蟹放在室外,受到雾水浸染跟蟹的某种物质结合产生毒素。

有人发现加工蟹肉的水流进养鸭塘,这个水域里的鸭子不生蛋或只生软壳蛋。

长江边发生海难事故，潜水员下到海底常常看到一大堆海蟹围着的地方，赶走海蟹，一定是遇难的船员。

上世纪九十年代初陈卫平经销梭子蟹、三点蟹、沙蟹。三点蟹、梭子蟹加工切蟹，大量出口到韩国，用辣椒酱拌的生螃蟹肉酱是当时的时尚美食。

陈卫平还跟水产研究所一起研究出拆蟹肉的专用工具，把舟山的沙蟹加工成蟹肉，每一千吨出口到日本北海道"八户制罐"，蟹肉分：蟹身肉、脚肉、腿肉、螯肉。最后剩下的蟹的节节骨骨缝隙里的蟹肉也不放过，百分之百用机器取出，研发出用蟹肉做的汉堡、丸子、春卷、烧卖、汤圆、蟹肉冻等美食。用沙蟹肉加干贝肉制作成的"XO"酱，上海、东南亚各大超市都有卖，一年的业务是一千万美金！我国台湾百年老店"杜小月"、三星旗下的"FF食品"、马来西亚的"FIGO"等公司都是与陈卫平合作的商业伙伴。

剥完蟹肉剩下的沙蟹壳堆得像山一样，一斤壳出售1.30元，可以深加工成为介壳素用于医药手术、制药、高档纺织品、美容品，是制作肥皂、牙膏等的原料。蟹浑身都是宝，一点也不浪费。

陈卫平喜欢吃厦门同安的肉蟹，他说同安肉蟹非常美味，一刀切开加入盐、酒、姜末、蛋黄，文火慢慢煎至蟹壳呈红色，煎蟹的火候很重要，太大太小都不行，要煎到蟹壳油光发亮，色大红，这时候蟹肉香气腾腾，是大饱口福的良辰美时啦！

青蟹出在南非、泰国，雪蟹主产美国阿拉斯加、加拿大、澳大利亚，南极洲也有分布。皇帝蟹是海鲜中的上品，甲壳较为坚硬，呈红白色，螯足粗壮，钳指黑色，产于澳大利亚塔斯马尼亚岛，是现存蟹类中体重最大的一种，多膏多肉，蟹肉结实，爽口无比。很多人分不清帝王蟹和皇帝蟹。其实"帝王蟹"是堪察加拟石蟹，帝王蟹脚含有丰富的蛋白质、微量元素等营养,对身体有很好的滋补作用。2014 年 7 月 12 日,美国阿拉斯加的渔民捕捉住了一只极其罕见的钴蓝色帝王蟹,吸引当地市民前来围观。而"皇帝蟹"是巨大拟滨蟹,产于澳洲,属于十足目,两者不可混淆。

吃帝王蟹要用电锯把脚锯开,食用时先用酒精灯喷一下,固定后切生蟹片,入口有橙子的粒粒感觉,细腻,其鲜无比!

陈卫平为了考察蟹的资源,曾跑到美国阿拉斯加、俄罗斯海参崴、马来西亚、日本、缅甸、北欧、非洲、南美洲等地,他为了看看南太平洋诸岛分布在海边附近的热带树林中的椰子蟹,他特地到澳大利亚管辖的"圣诞岛"乘小型飞机到岛上,晚上请当地朋友带路,带上手电筒来到海边椰子树旁守候,那个场面壮观啊!月光下海涛声里看见密密麻麻的红色椰子蟹爬到椰子树上靠两只强壮有力的巨螯,用强壮的双螯剥开坚硬的椰子壳,吃其中的椰子果肉。当地人让他尝尝椰子蟹肉,其实也只是平平常常的味道。

秋韵(蟹)

韦小宝墨竹醉天下

　　说到"韦小宝"大名,文学青年都知道,这是小说家金庸《鹿鼎记》中的主人公,此人活泼、好动、忠义,巧啦,坐落在上海淮海西路1号,以"谭家菜"为主的"醉美天下"酒家的老板也叫韦小宝,现实中的韦小宝整天忙忙碌碌,接待四方食客来宾,他的书斋里日日高朋满座,美女如云。名人秦怡、葛优、姜育恒、关栋天、马晓辉、何菲、王丽萍、马尚龙、张冯喜等也曾来此品尝美食。

　　身为韩门弟子的韦小宝创作的墨竹一不小心会登上了上海虹桥机场的新华社的巨大电子屏幕,大曝光,涨停板,这下可玩大了! 朋友登机前拜观到小宝墨竹,可以一醉。

　　小宝告诉我:"谭家菜是清末民初由官僚谭宗浚父子始创的文化菜,迄今已有近百年的历史,曾有'食界无口不夸谭'之美称,亦有'其味之鲜美可口,虽南王不易也'的评价。醉美天下以谭家菜为主,其中以(川菜、江、浙、沪)家常菜和鲍鱼海鲜火锅为辅。"

　　"醉美天下"有的包房里备有透明玻璃的灶披间,食客有兴趣可以在此包房内炒炒爆爆,向你邀请的客人展示厨艺,来宾中有喜欢烧烧家常菜的也可以参与美食烹调互动。客人可通过厨房的玻璃看见"煮妇"的操作,有老上海石库门家的灶披间的厨房感觉真好。去年8月25日,应韦小宝之邀沪上文化名人篆刻家陆康、作家何菲、马尚龙、沈嘉禄、玫瑰公主,文化人蒋鸣玉等一批好友小聚醉美天下。笔者有幸忝列其中,拜观上海著名作家孔明珠老师亲自下厨做最拿手的小菜,记得菜单是:醉美冷盆6碟泡菜(带去)白斩鸡乌镇开洋炖蛋(开洋)面拖六月黄葱烤河鲫鱼塞肉冰糖南瓜(百合红枣)虾子茭白(虾子酱油)日式熬点(干贝、鱼肉制品)白灼大头虾或者油爆虾蒜茸空心菜蒸冬瓜干贝火腿片味噌茄子炒辣椒(味噌带去)秋葵番茄浓汤刀豆南瓜腊肉焖面,再加玫瑰公主出品的老上海百叶结烧两头乌猪肉,口福很好呀。众人欢聚于此,上海电视台纪实频道在现场采访拍摄。看看孔娘子工作的样子,不亦乐乎!

孔明珠回忆:"那天我借醉美小宝的地盘,搞了一场孔娘子答谢宴。为的是最近上海书展推出我两本新书《烟火气》与《亲爱的咪咪噜》,一路上帮过我的人很多,衷心地感谢一下。其实真要答谢得摆个几桌酒席,我自知能力有限,烧菜水平也有限,小弄弄还能保持好名声。我看中'醉美天下'的包房附有厨房,还能帮客人备好一应食材与调料,如果你希望餐馆助你一臂之力,亦请开口便是。当我开出十来个菜的菜单后,内心仍然忐忑,小宝立即以六个醉美冷盘相助,并承诺还将有惊喜送给大家。"

"醉美天下"酒家有浓浓的文化艺术氛围,大厅、餐厅、包间书画张挂,布局讲究吉祥风水,根据易经的风水原理,为各个包间起出各种雅名,为来宾求一个佳运,餐厅有"阿房宫、未央宫、含元殿、开封府、翰耳朵、应天府、景仁宫、中南海"八个包房,串联着大厅一条艺术长廊,挂满了来自西藏佛爷的油画,及各名家墨宝。韦小宝在管理这家酒店的空余时间,他还喜欢古玩、书画、油画等艺术品的收藏。来此用餐,你可以感觉到这里存在着海派文化浓浓书卷气的韵味,"醉美天下"的菜单也有文化特色,是韦小宝毛笔手书而成,在享用口福的同时,眼福大概也可以饱一饱的。

走进"醉美天下"你好像步入一个小小博物馆,文化、美食在这里撞击、交融,名家书画、油画、瓷器、紫砂、红酒、普洱茶、古玉、印章、竹刻、牙雕布置得琳琅满目。笔者刻的紫砂壶、佛像印章有幸混入陈列橱窗内献丑。"醉美天下"酒家里有一个专集画室和品茶用餐的绝佳之地,以茶、酒、笔、砚会友,当你享受完美食,趁着红酒微醺的劲儿,提起笔杆尽情挥毫,或书或画或吟诗一首,那是人生何等开心的事啊!

我拜观书法家管继平为醉美韦小宝写的嵌名联:"醉眼观天下,美眉爱古今"。看来那天酒后的管兄的确有点花赤赤,醉眼迷离看到的自然皆是美女啦!九七老人顾振乐题镶名联"小中见大、藏珍观宝",可谓宝刀不老,用笔爽辣。九一书家高式熊写隶书"醉美天下",我的朋友高老头酒后神色不乱,手不抖,写得中规中矩,一尘不染。上海书协主席周志高题字"醉美天下"气势不凡,这一笔劈下去,水墨喷溅,飞流直下三千尺!沪上大家刘一闻书法"天下奇观书卷好,人间滋味菜根长",这是颇有书卷气与禅味的句子了,读之令人清气扑面。海派大家陈家泠酒后"醉美"极具抽象形式,是当代书法与国际美术现代审美接轨的佳作。名画家江宏的泼墨"山水画"、花王方攸敏的水墨"梅花牡丹图"、太一道人的"梅兰竹"图、禅意荷花等多位大家的绘画艺术在此大放光彩。四川四大才子聂作平撰联"醉卧东海看万里长江美中国几番沉睡几番醒,闲步九州问千秋皓月映天下何处风霜何处晴",线条如千年老藤纠纠缠缠,苍苍茫茫,诗意中隐含画意。

某日沪上印坛七大家之一的陆康酒后醉书泼墨写联:"朋友歌书画,兄弟烟酒茶"。奇怪,陆康酒后出手笔墨间带有醉意,十分灵动,走笔舞墨看似歪歪斜斜,却也顺其自然,风飘飘雨洒洒,沾得酒气与仙气,看来昔日李太白醉后吟诗出口千古绝句,与今日陆康写字有同工异曲之妙哉!有好事者调侃说陆康醉后应该写"朋友吃喝赌,兄弟KTV",那才有劲啦……走廊里一幅海归书刻家孔伟华写的狂草书法大得东瀛之气息,有明代王觉斯之韵味。陆康见之,大声喊道:"孔大师迪幅字写得好!"

接着晒晒醉美特色菜,"醉美"的谭家功夫菜。这一系列经典的菜肴均由谭家菜第四代嫡传弟子刘伟大厨亲自掌勺，秘传配方传承已近百年。如"浓汁佛跳墙"，高汤浓汁，浓稠适中。据说传统的佛跳墙原料有十八种之多：海参、鲍鱼、鱼翅、干贝、鱼唇、花胶、蛏子、火腿、猪肚、羊肘、蹄尖、蹄筋、鸡脯、鸭脯、鸡肫、鸭肫、冬菇、冬笋等，好吃的东西全都在里面啦，难怪住在隔壁佛爷闻到香味也要跳过墙来品尝。老吃客蒋鸣玉告诉我，旧时烧佛跳墙原料要用煎、炒、烹、炸等法炮制，然后层层叠放在酒坛子里，加进上汤和绍兴酒，荷叶封坛口，用火有讲究，一种"白炭"当柴火，木炭之坚紧无纹、烧时焰发白色者，故名。佛跳墙煮物，要先在猛火上烧沸，后在文火上慢慢煨炖五六个小时，方能出炉……

　　醉美韦小宝与小说《鹿鼎记》有不解之缘，来此一定要尝尝醉美特制的"鹿鼎记"后，才算不虚此行，大厨介绍说："醉美天下此款美食以新鲜的鹿肉，配着鹿鞭、瑶柱、虫草等十几味中药，文武火炖足八小时而成，汤水清澈透着微黄，这款令人惊艳和联想的美食，极具滋补养生养颜的功效，在别的地方是吃不到的。"

　　脂膏稠浓、鲜滑无比的"拆烩鱼头"，色、香、味对吃客来说是一种诱惑，借用著名节目主持人曹可凡老师描绘美食一句话："呵呵！大脑皮层开始兴奋了。"那一天我们每人尝了一盅鱼头，啊哟！味道要比老上海浓油赤酱的粉皮鱼头更加鲜美滋嫩，我看这仔细拆去大小鱼骨头，鲢鱼脸上的肉与皮，浸在鲜汁里色若美玉，润透莹滑，白色的鱼脸饱满有弹性，感觉这是一件精致的艺术品，不禁闪出怜香惜玉的念头。

　　小宝请出大厨传授技艺，让大家边吃边听，大厨说：拆烩鱼头主料是千岛湖有机花鲢鱼鱼头（净鱼头 2 斤以上），宰杀干净后用刀一切为二，加水放小葱、生姜、花雕酒、胡椒粉上火烧开，改小火焖烧一小时（不需加盖可以散去腥味）。捞出后，放入冰水中拆骨。拆骨的技巧非一般人能够掌握，因为必须留下鳃下的肉和皮，而且皮一定要保持完整。然后用鸡汤加底味煨过鱼脸肉和腮肉，放入器皿，用清汤（清汤：老鸡、精肉、龙骨、鸡爪、火腿上笼蒸八小时）加盐、胡椒粉调味勾薄芡浇入鱼头，三棵小青菜心氽水后点缀在周围。孔明珠听后感叹不已，她说："不要说一般食客，即使是如我这般的资深主妇都听了感觉头晕，完全失去尝试模仿的胆量，但是，如此美食面前，品尝无须胆量，开口便是。于是，我的口腔经历了一场华美盛宴。"

醉美天下酒家所选食材都是上海崇明岛"一亩田"有机农产食品，做出的是养生健康菜肴，当你吃完浓汁鲜醇的鱼肉后来一盅"翡翠冬瓜脯"，让味蕾放松休息一下，一方块普通的冬瓜浸在汤里看似清淡简单，工艺却复杂，做此菜先把冬瓜放在高汤里蒸熟，去掉高汤，用松茸做的清汤勾芡后淋在冬瓜上，加火腿、芹菜末上桌。一尝，清香适口，鲜味内蕴，慢慢品嚼，火腿的咸鲜，芹菜的清香，松茸的奇味，冬瓜的柔和，种种享受的感觉，尽在不言之中。

一盘白切肉是醉美的招牌菜，来自连云港养的一年半的上世纪八十年代野猪和家猪杂交品种黑毛猪，猪肉白水加姜片煮两小时后捞起切片，食之，有嚼劲、有鲜头、有回味，这是食材本味，口感独特，返璞归真，原始风味的完美体现。

醋泡花生米亦是醉美创意凉拌菜，崇明地里刚刚挖出的新鲜花生沾有东海泥土的芳香，剥仁去红衣加贵州小米辣椒加镇江醋一浸，就制成啦，食之口味清清爽爽，脆脆嫩嫩，有汁有水，平平淡淡，一点烟火气也没有，是当今最好的下酒凉菜。

醉美猪油渣炒有机小青菜，让我寻找到怀旧的滋味。上海人对于猪油渣特别亲切，从前上海人喜欢用猪油拌饭，我最开心的事就是大人叫我干熬猪油的活，猪板油切碎后一定要加些水盖上锅盖大火烧干，只听得锅里吱哩杂啦的响声，一股猪油香扑鼻而来，揭盖一看，哎呀，油开始渗出，渐渐地，板油块体积越来越小，氽在油面上，盛起的猪油渣拌点精盐，凉后捞一块入口，脆香、油润，醉美的猪油渣香，是上海人从前艰难岁月曾经有过的美食追忆。

到醉美还有一款四川成都名菜"洞子口樟茶鸭",是一定要吃吃的呀。韦小宝先生介绍说,这是用八个月的土鸭子,用茶叶和樟树叶熏制而成,带着山野的气息,入口是正宗的四川风味。"醉美天下"还有其他花样百出、好吃的美食,到底有多少？是个谜,我看还是请您自己前往继续探秘吧！不过,行前不要忘了先去电话订座噢！

竹

吴元浩地摊淘瓷乐

　　沪上著名古旧陶瓷收藏家、上海《检察风云》杂志总编辑吴元浩先生2011年著作的畅销新书《地摊淘瓷777天》,对爱好古陶瓷器之友来说是一份特别实用的地摊淘瓷寻宝图⋯⋯

　　现在收藏市场里还有古陶瓷器漏可拣吗? 有位朋友问我,我说,有啊,在这个鱼目混珠、赝品成堆的古玩市场里,只要你眼光好,工夫深,机会应不少,但拣漏之技,非高手莫属,不妨跟着我的朋友吴元浩先生书中提供的线索到上海老街藏宝楼里找几件性价比高、品相好、器型美的晋汉唐宋元明清古旧陶瓷收藏白相,既实惠又保值。目前高古陶瓷价位低迷,是古玩中一支"潜力股",说不定哪一天突然炒作起来,那些"残碗烂罐破瓶"来几个"涨停板",一夜变成"金凤凰"!

　　春节前笔者拜访了吴元浩先生,请他讲述地摊淘瓷之乐事。吴总说:"上海藏宝楼四楼地摊,最有玩味,每到双休日这里人头攒动,三教九流,南腔北调,喧声四起,有空走走看看,其乐无穷,来自四面八方的陶、瓷、竹、木、牙、石、玉、翠、铜、银,书画、碑帖、文房四宝等真假莫辨。在这里拣漏的、走眼的、上当的、窃喜的、惋惜的,人生百味表现得淋漓尽致。"

　　吴元浩认为瓷器上有书写干支款的,具有很高的研究和收藏价值,不要放过,2008年地摊出现一只底款"大清丙午年制"的博古纹饰酒杯,这是康熙早期物,他立即拿下。有人说,现在要寻到官窑瓷器很难,其实,地摊淘货就是沙里淘金的过程,要慧眼识宝,这个市场每年流出来的真货也不少,有清理杂物时拣出,有藏家临时缺钱卖出,有升级换档放出,有跑统子上门收来,还有祖传遗物被小辈抛售等等。

2009年4月吴元浩在宁波古玩市场的地摊上发现一只完好无损的撇口瓶,那天蓝釉色清亮典雅,可喜的是底部还有青花"大清雍正年制"六字篆书款,后以5 000元买进,真是拣了个大漏,太高兴了!

堂名款瓷器亦是吴先生搜寻的目标,去年某日,他10点钟到藏宝楼,好东西已经被人抢完,一个角落里他看到一只青花花卉小碟,口径11.5公分,底下落款"戊子春月梓桑斋书",想到曾在故宫里看到过"梓桑轩"落款的瓷器,这件清顺治五年的瓷碟,肯定是件不常见的佳物,赶快买下,在他之前有多少人看过走过漏过,这要看你与宝物缘分有多少?

吴总说,个人收藏古陶瓷,量力而行,要不影响生活,不能走火入魔,先要给自己收藏目标定位,吃过药买到假货才会有进步,买到赝品留着作为鉴别标本。鉴赏瓷器要从器形、胎骨、纹饰、款识、底足上入手。一定需要多看,看书、看实物、看真品、看仿品,到博物馆、文物商店、古玩市场上,多琢磨多看多学,多请教陶瓷专家、高手,才能从地摊上觅到真品捉到漏,方能体验地摊淘古陶瓷器的快乐!

李伟庆秘藏圆瑛印

2005 年秋，沪上古旧印石收藏家、百石堂主人李伟庆兄赠我一册原钤《圆瑛大师八印》印谱，是册装帧精美，青蓝色封面素净、庄重、典雅，扉页小字数行："圆瑛大师（1878—1953）号韬光，斋名一吼堂、三求室。圆瑛大师是近代著名的高僧、佛教界领袖，时值大师示寂五十二周年之际，敬钤大师自用八印分飨同好，以资纪念，乙酉六月，百石堂主人谨记。"说到圆瑛大师，中国佛教界人士都会肃然起敬，他是福建省古田县平湖乡端上村人，法名圆瑛，生前主持上海圆明讲堂，他老人家一生是爱国爱教的中国佛教界的楷模，曾任第一届中国佛教协会会长，明旸法师是他的弟子之一。

笔者曾在李伟庆的百石堂中有幸拜观圆瑛大师生前用过的八印。所谓八印，实际上是六方石章，其中两方是灰青田石两头刻的双面印，扁章"圆瑛"印，石料是黄寿山石，椭圆形朱文"韬光"大印是寿山石巧色雕刻莲鱼钮，黄色莲叶与红色鲤鱼相映成趣，"太白山人"小扁章是一枚寿山黄金黄田黄石章，质地通透莹澈，灵芝钮，取形古朴，精巧可爱。六方石章中，唯一有刻款的是"一吼堂"朱文印，煨乌青寿山石，石侧刻一"朽"字，这是近代名印家陈师曾治印，有人曾提出一个问题：陈师曾取朽道人之号，带有浓重的佛教境界的字号，是否受了圆瑛大师的开化与启迪？我问李伟庆是如何觅得此六方印章。他说：1993 年上海友谊商店经过一段时间装修后，重新开张首日，那天想去碰碰运气，店门一开，他第一个直冲四楼古玩柜台，一眼看中这几方带有仙气，不寻常的旧印，刚从库房取出，还贴着上世纪八十年代的标价签条，每方80—120元，并可九五折优惠，稍稍思考后，当即买下，回家后，寻资料，求考证，并在龙华古寺、圆明讲堂等处的圆瑛大师书法中对照到这几个一模一样的钤印，最后确认为圆瑛大师常用印无疑，心中大喜！

2003年上海龙华寺照诚法师得知消息，托熟人试问李伟庆是否可以将宝章高价转让或捐赠龙华寺？他说，此六颗印章同他印缘未尽，故未允诺。2005年圆瑛大师圆寂52周年时，李伟庆用这六方印钤制了53本印谱，分赠友人。澳门老年书画家协会副会长关权昌先生在沪上名印家陆康处看见此本印谱，欢喜得不得了，特地从澳门来沪找到李伟庆，请回一本珍藏。伟庆兄说："一个高僧，留下来的自用印章是极其珍贵的法物。由我珍藏也是我佛缘福分，今钤成印谱分于众友人广交佛缘、印缘，让同好分享宝物欣赏之喜悦，亦是做了一件善事哩！"

佛像印

后记　一路清欢

何　菲

　　2015 年早春，江阴路 72 号。春寒料峭，在那栋石库门老宅私房菜馆里，大师陆康与杨忠明喟叹：40 多年前，两人就在这条马路上一起工作、玩笑，共同在逆境中憧憬未来。当时杨忠明每晚必去附近的原上海图书馆看书，直至闭馆。苏轼曾云：人间有味是清欢。当时情境，虽清淡简朴，却咀嚼有味。时有穷通，地有广隘，位有荣辱，经过大半生浮沉冷暖，到了耳顺之年很多已不再重要，我不晓得杨忠明是否喜欢日本动画泰斗宫崎骏的作品，但确信他定会欣赏宫崎骏的一句话：我不知将去何方，但我已在路上。

　　我是在数年前陆康的饭局上认识杨忠明的。当时杨忠明的主要身份是印石收藏鉴赏家、印钮篆刻家。他儒雅谦恭，纯然安静客气，倾听对方言谈时凝神屏息，频频颔首，着实不高冷，拿出来的印石却极有层次。

　　据说早年杨忠明与民国文人交往颇多，常去陆澹安、陈巨来、郑逸梅、钱君匋、朱大可等前辈府上请教艺事，也因此获得满腹旧上海文艺掌故。他最初学艺是从刻印钮开始的，"无论避邪还是螭首，都能刻得生动传神，凛凛威风，虽不足方寸而呈大唐气象……刘旦宅还为杨忠明题了'二杨并妙'的匾额，等于把他与康熙年间的寿山石雕艺人杨玉璇并列，但杨忠明有自知之明，从不对外自夸"，著名作家沈嘉禄曾如是撰文。杨忠明还是篆刻大师陈巨来的御用印钮雕刻师之一，与陆康、陆大同伯仲交往甚笃。虽非艺术世家出身，可先天禀赋悟性与良师益友的滋养，以及自身的苦诣经营，使他终于风格独具，姿态传神。先生们所给予的教导恩惠，杨忠明时时念念，始终铭记于心，他们为他缝制的这件"百衲衣"，成为他一生的财富。

这些年杨忠明独辟蹊径，篆刻佛像印、人像印、生肖印、紫砂壶……境由心造，他的作品清丽舒畅，笔笔见意，步步有戏，时空交错浑然天成，精致灵秀中透显拙朴节制的本色，虚实求索中则体现出他温厚深沉的文胆诗心，在朵云轩的拍卖行情稳健强势，且季季走高。文学创作上他不仅著作丰厚，专栏颇多，更是屡获两岸三地散文奖项，被吸纳为上海作协会员。他的散文有老上海掌故作家郑逸梅的气韵，有分寸而不拘束，体现生命的平和与坚韧，智慧与志趣……在越来越多的身份和行情下，杨忠明谦逊如初，却更松弛开怀了。

杨忠明早年一度艰辛困顿，却始终怀揣向外探寻的眼神和温和而不妥协的灵魂，艺术感性的向美之心从未冷却荒废过。他常说自己最大的幸运是遇到了知音兼导师陆康，那是个将生命大道与世俗智慧都丈量、摆渡得极精密的人，有大乾坤大意思在里面。两人共同之处在于一生无改于其赤子之心，才华努力慷慨和善意，都毫无声张，令人动容，半个多世纪激荡如昨，却到底使他们成功了。王阳明的理论是：人须在事上磨，磨到位了，就强大了。可以说他们是内心强大的人，因为找到了自己的"道"。循着道，看到纷纭表象后清晰的脉络，并随脉络推衍未来走向。随时取舍，顺势而为，沿途的束缚挂碍纠结其实转瞬即逝，情商始终超越现实，面对变，努力维持"定"的状态，以此接近生命的自主和心的自由，我想这大概是他们的哲学体系。

杨忠明说，沪上刻印大家陈茗屋老师对他帮助亦大，自从陆康先生去澳门后，杨忠明遇到任何困惑，第一个就是去叩教茗屋，陈老师总是有求必应，热心帮助。杨忠明从他那里听到诸多印坛画界旧闻，丰富了他写印坛轶事的第一手资料。近日,杨忠明请陈茗屋先生赐题"明壶堂"斋号,隔日就收到老师快递的手迹。

　　杨忠明是1951年生人,幼年丧母,青年下乡,以他的年龄和所经历的复杂时代,他做人的难度正是对他情商的考验。他始终尽力而为,对人生大局从容以待,既不厌倦也不愤懑,乐天知命且随遇而安,能时时享受清欢,体会万物刹那间的诗意。可见强大也是某种柔软,是温厚地对待他人、世界甚至挫折的一种能力。在城西点缀着各色盆景紫砂石斛清供的公寓里,他写作篆刻,炮制美食,侍弄花草,追味旧事。安住当下,以赏味心态顺应高低起伏的生命曲线,就能以此刻的觉知感受空气的清冽、蔬肉的鲜美与岁月的情动,这在一定程度上也是禅。

　　一面是上海什锦,一面是般若花开,杨忠明终于在无数试炼中前行在了通往经典的渐近线上。

何菲

兴余闲话

余生也晚，儿时与外婆一起住在故乡昆山半山桥北堍与奥灶面馆为邻的亭林路上，从小得到一点"书卷气"。原来这亭林路是纪念明末三大儒之一的顾炎武（顾亭林）。"半山桥"桥名来历，从昆山南门走到这里，离开昆山山前还有一半路程，故名。依稀记得外婆带我去奥灶馆吃奥灶面，我常常梦见一个人站在半山桥的栏杆边看河水流淌，听渔舟唱晚，观夕阳西下，望雁群南飞……

听说民国年间，我先祖父研究玄学、堪舆学，经常外出工作几个小时便可以赚几块大洋，日子过得蛮滋润，曾在昆山老县衙前的大街边开了一家三开间门面的"杨家旧书店"经营旧书、古玩、书画、昆石之类。我先父是个教书先生、盆景园艺家，对写作、美食也有研究，我想，可能是基因遗传让我从小对读书、书画、古玩、花草、美食情有独钟。

1976 年在江阴路牯岭仪表厂里我遇上了陆康先生，处于对生活迷茫的我，这个机遇是非常幸运的、及时的，从此改变了我的人生轨迹，走上了文化艺术之路。陆康老师引领我拜访陆澹安、郑逸梅、陈巨来、钱君匋、朱大可、陈茗屋、徐云叔等许多先生，原来上海滩上有这么一大批文化艺术名人，学习的机会太多啦，我前面的路豁然开朗，但道路坎坷不平，需要自己勤奋、努力……

记得郑逸梅先生曾告诫我："青年人要多读书，多学习，学写文章要多观察，多动脑筋，古籍书要多看，古今、中外，天文、地理，动物、植物、矿物，医药、园林、书画、篆刻、古董杂件你都要了解，观察，多交朋友，知识面广，这对你写文章大有益处。文笔要求通顺第一，文采活泼，自然生动，才有通灵逸气。"

从前，我喜欢跑四马路书店买书，上图书馆阅览，拜访文化艺术界老前辈、老弄堂里的老人们，从他们那里我可以听到许多旧闻轶事、稀奇古怪事，都是我写文章的素材。

乙未正月，我与几个老师在江阴路72号小聚，杨柏伟老师要我自己刻一方"上海什锦"印章，作为书里装饰。我说这四个字笔画疏密悬殊，不太好排列吧？陆康先生说："来，拿张纸来，我帮你拟个印稿吧。"只见陆康稍加思索，用水笔写好，说，这方印可以用一半满白文、一半细朱文安排，这样起到强烈对比，刻出的印有一股视觉冲击力。几位朋友一看，都说，哎呀，到底是大师出手，身手不凡呀！

三十多年的写作、雕刻生涯对我来说是一晃而过，时间对我来说不够用，要学习的知识太多。这本《上海什锦》的出版本身就是一个学习写作过程中的产物，恕我文笔浅陋，拙作中谬误必多，还望师友们多多包涵，不吝赐教是幸！

衷心感谢：马尚龙、何菲两位老师百忙之中为我写序和后记、陆康先生为此书题写封面、上海书店出版社对我此书的出版的大力支持。

杨忠明

图书在版编目(CIP)数据

上海什锦 / 杨忠明著. —上海：上海书店出版社，
2015.8
　ISBN 978-7-5458-1118-6

　Ⅰ.①上…　Ⅱ.①杨…　Ⅲ.①散文集—中国—当代
Ⅳ.①I267

　中国版本图书馆 CIP 数据核字(2015)第 164222 号

封面题签　　陆　康
封面绘画　　杨忠明
封底篆刻　　杨忠明
责任编辑　　杨柏伟　　邢　侠
装帧设计　　王震坤

上海什锦

杨忠明　著

上海世纪出版股份有限公司

上海书店出版社出版

中国图书进出口上海公司发行

2015 年 8 月第 1 版
ISBN 978-7-5458-1118-6/I · 320